Madame Alexandre MOREAU

Lumière et Vérité

Précédé d'une préface par
M. LAURENT de FAGET

PARIS
LIBRAIRIE DES SCIENCES PSYCHIQUES
42, RUE SAINT-JACQUES, 42

1903

Lumière et Vérité

Madame Alexandre MOREAU

Lumière et Vérité

Précédé d'une préface par

M. LAURENT de FAGET

PARIS
LIBRAIRIE DES SCIENCES PSYCHIQUES
42, RUE SAINT-JACQUES, 42

1903

PRÉFACE

C'est le travers de beaucoup de spirites de fraîche date, lettrés ou non (dans un excès de prosélytisme dangereux pour une certaine catégorie de lecteurs), de s'imaginer qu'ils doivent noircir des pages de leurs élucubrations. Quelques-uns d'entre eux — médiums peut-être, mais d'un ordre plus inférieur qu'ils ne le supposent — faisant l'abandon de leur volonté aux caprices d'une imagination déréglée, ou à des Guides spirituels peu consciencieux et peu instruits, se mettent à écrire, à écrire, à écrire encore. Ils pondent ainsi des opuscules, des brochures, des volumes, dont le besoin ne se faisait nullement sentir, et encombrent — pour peu de temps, heureusement — les vitrines des libraires, au détriment des œuvres saines et utiles, qui souffrent de ce voisinage.

Sur notre route spirite, déjà longue, nous avons rencontré — de-ci, de-là — quelques-unes de ces natures sottement ambitieuses, quelques-uns de ces orgueilleux, de ces illuminés, qui voulaient compléter, ou même refondre, les œuvres des Maîtres. L'un est mort fou ; un autre est devenu fou, qui n'a pas eu la chance de mourir.

Nous signalons cet écueil parce qu'il est des plus dangereux pour les nouveaux adeptes du Spiritisme. Et c'est tellement notre conviction que, lorsqu'une œuvre inédite sur nos croyances nous est présentée par une personne inconnue, ce n'est pas sans une secrète terreur que nous y jetons les yeux.

* * *

Madame Alexandre Moreau nous fit, récemment, l'honneur de nous soumettre les pages inédites de son livre : **Lumière et Vérité du Spiritisme.**

Nos craintes habituelles furent vite dissipées à la lecture de cet excellent ouvrage, où tout est pondéré, où tout est juste et porte la marque d'un écrivain consciencieux qui se possède, d'un écrivain sans exaltation comme sans pédantisme. Le fait n'est pas si commun qu'on ne puisse le faire remarquer.

Madame Moreau, en publiant ces pages, n'a qu'un but : être utile. Elle le sera.

Son livre est un livre d'étude, de combat et d'espoir. Elle y fait, en quelque sorte, l'historique du progrès humain; y lutte contre l'intolérance religieuse, démontrant l'absurdité de certains dogmes catholiques et la monstruosité de certains autres; elle y démontre aussi le néant des conceptions matérialistes... puis, par échappées lumineuses et bienfaisantes, se retourne vers Celui qui a tout créé, pour lui demander son sourire. Et c'est là de la poésie naturelle, sans prétention, sans affèterie; de l'amour intense, sans phrases creuses et sonores; de la raison investigatrice et sereine, destinée à toucher et à éclairer les âmes. C'est de la science aussi, puisée dans les meilleurs livres de spiritualisme scientifique et réchauffée par le cœur d'une femme qui aime et veut servir l'humanité.

Aurait-elle pu attendre encore avant de donner son avis sur ce grave problème de l'Au-delà qui préoccupe tant de consciences et en trouble encore quelques-unes? Nous ne le pensons pas. Assurément, Madame Moreau, quand elle a écrit ce livre, n'avait pas connaissance de tout ce qui a été publié sur le Spiritisme depuis cinquante ans. Mais était-ce bien nécessaire? Et certaines œuvres — de premier ordre — n'ont-elles pas le privilège de concentrer en elles ou sur elles tout le mérite et toute l'attention dont jouissent, dans leur ensemble, quantité d'ouvrages moins étudiés, moins documentés et moins complets ?

C'est à ces sources abondantes et de premier choix qu'a puisé Madame Moreau. Elle s'est nourrie, surtout, de la forte sève des ouvrages d'Allan Kardec, de Camlile Flammarion, de Léon Denis, de Gabriel Delanne. Ce sont là ses auteurs favoris : elle les cite largement et fréquemment.

N'allez pas croire, cependant, qu'elle oublie d'être elle-même. Quand elle a démontré au matérialiste son erreur, au sceptique sa folie, — cloué certains dogmes, soi-disant religieux, au pilori de son indignation, elle appelle l'astronomie au secours de la philosophie et déduit la pluralité des existences de la pluralité des mondes habités. Puis, elle dégage la philosophie scientifique qui lui est chère, des fausses interprétations, des petites coteries, des petites chapelles fermées et autoritaires, et répond victorieusement aux objections de nos adversaires en plaçant le vrai spiritisme sur le piédestal qui lui est dû. Elle le voit resplendir, notre spiritisme philosophique et moral, dans la vérité de ses principes les plus élevés, comme dans la réalité bienfaisante de ses manifestations physiques, dont elle fait connaître les conséquences morales, après en avoir étudié les origines et expliqué les lois.

* *

Lisez l'œuvre de Madame Moreau, vous qui languissez dans le Doute, pesant comme un remords ! Lisez-là, matérialistes invétérés, qui vous croyez certains du néant après la mort et qui crachez votre haine à Dieu, distributeur de la vie ! Lisez cette œuvre, prêtres fanatisés, si votre âme n'est pas tout à fait fermée à la lumière divine ! Et vous aussi, viveurs corrompus, si tout n'est pas vice en vous ; si la dégénérescence physique n'a pas entraîné chez vous la complète dégradation morale !

Et vous qui pleurez, lisez-là aussi : elle vous dira : « Soumission, espoir et courage ! » Elle vous donnera la force de résister aux maux de ce monde, de supporter dignement les épreuves nécessaires à votre avancement intellectuel et moral, en vous démontrant avec amour que vous préparez votre sort futur par vos actes présents... et que le vrai bonheur, dans ce monde comme dans celui de l'au-delà, est la juste conséquence et le noble prix de la vertu.

A. Laurent de Faget.

AU LECTEUR

A mes frères et sœurs en humanité, je dédie cet ouvrage, fruit de mes recherches dans les œuvres d'auteurs spiritualistes et savants.

Ne me fiant pas à mes propres lumières pour illuminer de l'éclat auquel il a droit le Phénomène spirite, naturel en ses forces, divin en son essence, j'ai dû emprunter de nombreuses citations, et les coordonner, en les reliant entre elles, par les réflexions de l'auteur.

Mon seul but est de répandre la Vérité. Mon unique mérite est le désir intense que j'éprouve d'amener à la lumière et à la consolation nombre d'âmes qui doutent et souffrent, au milieu du douloureux problème de la vie.

Un coup d'œil jeté sur les mystérieuses

causes de nos destinées pourra donner la force de s'armer pour la lutte à ceux qui voudront bien me suivre à travers les lignes du livre que je leur dédie, dans l'espoir de leur être utile.

M. M<small>OREAU</small>.
Vice-président de l'Union Spiritualiste Nantaise
Lauréat de l'Académie Nantaise

Nantes, 1903.

LUMIÈRE ET VÉRITÉ
DU SPIRITISME

PREMIÈRE PARTIE

I

MATÉRIALISME.

Deux grands obstacles à l'avancement intellectuel et moral de notre monde, ce sont le atérialisme et l'esprit sectaire.
Le premier affirme que l'âme n'existe pas, ue la pensée n'est qu'une sécrétion du cerveau, que l'homme, accident d'un jour, sera rendu néant par un événement identique à celui i l'a fait naître. Quant à l'esprit sectaire, il t peut-être plus dangereux encore, car il enrre l'âme humaine dans un réseau de dog-

mes incompréhensibles, en lui ordonnant de croire à ces dogmes, sous peine d'un châtiment éternel.

Les deux principes sont constamment en lutte : l'aberration du néantiste vient s'opposer à l'aberration du sectaire qui veut imposer sa croyance ; et cette obstination ne fait que retarder pour le premier la conversion à des opinions raisonnables et dignes de l'être humain.

On l'a dit avec raison : « Qui veut trop prouver ne prouve rien. » Or, l'erreur du matérialiste est la fille du mensonge du sectaire. En effet, l'homme qui cherche la solution de tout problème se heurte à l'impossibilité du dogme catholique, et refuse d'avancer, craignant de s'enténébrer davantage.

L'affirmation de ces dogmes porte certaines philosophies à la négation de tout et à cette ridicule assertion qui, prise à la lettre, a conduit beaucoup de jeunes intelligences à la divagation : « *Il me semble* que j'existe, que je vois, que je touche toutes choses qui m'entourent ; et cependant tout cela n'est qu'illusion et rêve, car, *rien n'existe.* »

De là à la négation du principe éternel, de Dieu, il n'y a qu'un pas. Et ce pas est bientôt franchi.

Pourquoi ? Les athées le savent-ils eux-mêmes ? En niant la matière, ils nient aussi leur intelligence, leur conscience, en un mot, leur personnalité.

Nous savons bien que, étant donnée l'imperfection de nos sens, nous ne voyons pas les choses comme elles sont réellement ; mais de là à conclure que *rien n'existe*, il y a un abîme.

Nous nous étendrons plus loin, au chapitre *Christianisme et Catholicisme*, sur les immenses dangers que présentent les dogmes et les mystères religieux à l'esprit humain, en arrêtant l'essor de celui-ci dans la connaissance de lui-même et de ses destinées glorieuses, et nous traiterons seulement ici des dangers du matérialisme.

Quels effets moraux tirerez-vous du terrifiant matérialisme ? Si vous n'avez ni but, ni guide dans votre existence, qui donc vous conduira, dans cette existence même, à travers les pièges et les difficultés semés sur votre route ? « L'honneur ! me répond un matérialiste, la dignité humaine ! » Nous les admettons pour vous, ces guides, pour vous, homme intellectuel et instruit ; mais l'homme dénué d'éducation et d'instruction, l'homme jeté désarmé dans le grand combat de la vie, se répondra-t-il à lui-même : « Honneur et dignité ! » devant un appel quelconque à ses besoins corporels et à ses appétits brutaux ?...

Non, ce ne seront pas les grands mots qui le

soutiendront, jour après jour, dans sa rude tâche sur la terre ; ces mots, même s'il les connaît, seront absolument vides de sens pour lui. Il vous dira : « Est-ce l'honneur, est-ce la dignité qui donneront du pain à mes enfants ? Est-ce l'honneur et la dignité qui me retiendront chaque jour attaché à mon pénible labeur et me feront repousser tout plaisir qui pourra s'offrir à moi ? »

Non, non. Vos tristes sophismes ne pourront jamais faire des hommes honnêtes ; ils ne produiront que des brutes ou des désespérés parmi les ignorants.

Pour le relèvement moral et intellectuel de notre monde, il faut une religion scientifique et naturelle qui, appuyée sur les grands problèmes de la vie et de la destinée, s'éclaire au double flambeau de la raison et de la science.

Vous, riches, il faut étudier, et aider vos frères déshérités à s'instruire ; et vous, pauvres, il faut vous appliquer à connaître et à comprendre. Alors, la raison de l'homme n'ayant ni intermédiaire, ni voiles entre Dieu et elle, pourra voir et s'incliner en même temps que son âme pourra croire et espérer.

Ayez soif de vérité. Ne faites pas de votre corps un être inférieur livré à ses seuls instincts matériels, ne refusez pas de connaître votre âme, c'est-à-dire l'entité immatérielle qui vient de Dieu, et que vous sentez vivre en vous, sans vouloir même lui concéder droit d'existence.

Faites taire tout orgueil charnel. Repoussez les dogmes qui tendent à faire de vous un esclave ; mais ne vous arrêtez pas dans une malsaine immobilité ; regardez en haut, et montez à la lumière de la raison et de la vérité : c'est la loi du progrès ; et l'heure est sonnée où cette loi doit se développer de plus en plus, et s'étendre aux choses psychiques, dont la connaissance est la base du pourquoi de l'humanité.

⁂

Camille Flammarion a dit : « Nous avons constaté que l'athéisme scientifique est une erreur, et que l'illusion religieuse en est une autre. »

Cherchons donc à nous éclairer, en interrogeant la science arrivée à une rare perfection, sinon encore à son apogée, dans notre siècle appelé avec raison le siècle des lumières.

En effet, de toutes parts, les découvertes merveilleuses se sont multipliées, effaçant dans leurs clartés les tristes ombres des religions basées sur l'esprit dogmatique. A chaque instant, le Progrès annonce un pas de plus dans le domaine de la Nature, et chacun de ces pas force à rétrograder les inventeurs des mystères. Les six jours de la création se sont perdus dans la découverte des âges préhistoriques ; le miracle du soleil s'arrêtant à la voix de Josué a pâli devant les découvertes de l'astronomie; les légendes de la Bible se sont écroulées devant la reconstitution des peuples de la terre aux temps antiques. De même, sont anéantis le domaine de la Grâce, les Indulgences, les Sacrements, l'Enfer, le Purgatoire, la résurrection de la chair, etc.

A la science appartient de reconstituer à l'âme un domaine nouveau, et de répondre aux pourquoi pressants de l'humanité dans le trouble.

La première des négations du matérialisme est l'idée de l'existence de Dieu, ou Cause absolue, dirigeant le système de l'Univers. Et ils ne s'aperçoivent pas, les prétendus savants, que l'idée de cette Cause absolue ressort de toutes leurs découvertes et de toutes leurs expériences, car cette idée s'affirme dans la beauté et l'immutabilité des lois qui régissent l'Univers. Est-ce que la matière brute peut être intelligente, mathématicienne, chimiste, physicienne à la fois? Non, non, la matière n'est que la matière, et la force qui la régit est éminemment intelligente.

La matière est un groupement de molécules. Dieu est la force vitale intelligente qui régit ces molécules; depuis les astres, atomes de l'univers, jusqu'aux atomes imperceptibles de notre corps. Dieu est l'âme de l'Univers. Il est présent à toutes choses, et chaque chose existe par lui.

Si Dieu n'existe pas, et si la matière inanimée se gouverne elle-même, quelle est donc la force mathématique qui soutient les astres dans l'espace, et oblige chacun d'eux à graviter dans son orbe sans aller se heurter dans un astre voisin ? Quelle force intelligente les lance avec une vitesse vertigineuse qui dépasse toutes les vitesses acquises sur notre monde? Vous, humains, lancez donc à toute vapeur des trains dans toutes les directions, en les livrant à eux-mêmes. Ils se rencontreront inévitablement à un moment donné, et ils se briseront les uns contre les autres, tandis que l'Univers est immuable dans la projection de toutes ses forces, et nous ne voyons jamais la marche des soleils entravée dans l'espace par quelque autre soleil.

Pouvez-vous soutenir qu'une force aveugle enfante et combine cette harmonie universelle ? Mais alors, vous seriez forcés de convenir qu'une intelligence existe dans cette matière si bien coordonnée. De là à reconnaître le Principe créateur et conservateur, il n'y a pas loin. Vous en conviendrez, à moins d'un orgueil plus grand que votre raison. Il y a encore la conscience qui clame bien haut, dans le fond de chaque être; et si vous persistez à nier ce Principe créateur, c'est que vous mentez, soit aux autres, soit à vous-même.

Quittez maintenant des yeux les profondeurs sidérales, livre sublime, ouvert devant vous, pour que vous puissiez y lire, en caractères de feu, le nom de son auteur, et considérez notre globe terrestre, l'un des moindres petits mondes de la Voie Lactée, vous trouverez encore sur lui, tout autour de vous, la pensée dirigeante de l'Univers.

La vie de la matière animée est un inépuisable sujet d'études :

Limée, l'admirable botaniste, s'écriait : « Le « Dieu éternel, immense, sachant tout, pou-« vant tout, a passé devant moi ; je ne l'ai pas « vu en face, mais ce reflet de lui, saisissant « mon âme, l'a jetée dans la stupeur et l'admi-« ration. J'ai suivi, çà et là, sa trace parmi les « choses de la création ; et dans toutes ses « œuvres, même les plus petites, les plus imper-« ceptibles, quelle force ! quelle sagesse ! quelle « indéfinissable perfection ! J'ai observé com-« ment les êtres animés se superposent et s'en-« chaînent au règne végétal, les végétaux eux-« mêmes aux minéraux qui sont dans les « entrailles du globe, tandis que ce globe gravite « lui-même dans un ordre invariable autour du « soleil auquel il doit sa vie. Enfin, j'ai vu le « soleil et tous les autres astres, tout le système « sidéral, immense, incalculable dans son infi-« nitude, se mouvoir dans l'espace, suspendu « dans le vide par un moteur incompréhen-

« sible, l'Etre des Etres, la Cause des Causes,
« le Guide et le Conservateur de l'Univers, le
« Maître et l'Ouvrier de toute l'œuvre du
« monde. »

« Supérieurement à la Matière existe un
« Principe immatériel, qui en est absolument
« distinct. Un esprit anime la Matière », selon
l'expression de Virgile.

Il est un argument irréfutable qui s'impose pour démontrer la réalité du principe animique : c'est que toutes les parties constituant notre corps, la peau, la chair, les muscles, les organes, se renouvellent entièrement en l'espace de quelques années. Où placerez-vous donc l'être, *le Moi* dans ces changements continuels de matière ? — Si c'est la matière qui pense, elle changera constamment de pensées et de manières de voir, soit qu'elle emprunte la constitution de sa vie aux animaux ou aux plantes, et que l'air respirable qui entretient une partie de la vie dans notre corps nous arrive mêlé de tel ou tel gaz, gaz expirés soit des êtres qui nous entourent, soit des arbres, soit des choses.

J'emprunte ici un passage à l'auteur déjà cité, Camille Flammarion :

« Physiquement, rien ne nous appartient en
« propre « Notre être pensant seul est à nous,
« est nous. Lui seul nous constitue véritable-
« ment, immuablement. Quant à la substance
« qui forme notre cerveau, nos muscles, nos

« os, nos membres, notre chair, elle ne nous
« reste pas, elle vient, elle va, elle passe d'un
« être à un autre. »

(*Dieu dans la Nature*, p. 121).

« Il faut bien que la vie soit une force souve-
« raine puisque le corps vivant n'est qu'un
« tourbillon d'éléments transitoires, que toutes
« ses parties sont en mutation incessante, et
« que, tandis que *la matière passe, la vie de-*
« *meure*. »

(*Dieu dans la Nature*, p. 121).

Vous, maîtres dans la science, vous, docteurs savants, qui pouvez constituer des cellules
vivantes, à l'aide des principes chimiques qui
les composent, eh bien, donc ! composez, avec
une agglomération de ces cellules, un corps vivant, agissant et pensant ! « Nous y arrive-
rons », dites-vous. C'est trop présumer de la
puissance humaine. Avec le bagage énorme de
la science actuelle, vous ne le pouvez pas ; vos
successeurs ne le pourront pas davantage, et
cela, parce qu'il appartient au seul Créateur de
dispenser la force vitale et la pensée, cette force
vitale dont vous niez l'origine, et cette pensée
que vous faites bonnement sécréter par le cerveau. O Docteurs ès-sciences, *créez* donc seulement les atomes qui composent les cellules que
vous constituez !

Vraiment, il n'y a point à vous féliciter de

tant de moments détournés du vrai but de la vie, qui est de travailler au perfectionnement universel, tandis que vous employez ces moments à rêver de produire le triste phénomène qui serait celui d'un corps sans âme ; car il ne vous est pas donné, à vous, hommes, de produire l'étincelle divine, l'être psychique en un mot.

Il est absolument évident que la Création n'est point l'œuvre de la matière. L'homme ne peut créer un homme, il ne peut même créer le moindre des atomes qui composent la matière. Si donc l'homme veut bien se considérer lui-même dans son impuissance absolue de créer quoi que ce soit, il ne pourra conclure, sans être qualifié d'insensé, que la matière a jeté les astres dans l'espace sans bornes, et qu'elle-même les y maintient dans un ordre inénarrable, sans trouble ni collision d'aucune sorte.

Les astres, soleils, planètes, nébuleuses sont entraînés dans l'Infini sidéral avec une régularité mathématique; ils obéissent à un plan, à un ordre que, seul, a pu vouloir un Dieu, et non à quelque cause aveugle et sourde, rompue au moindre accident.

Si vous nous dites que vos études vous ont affirmé que l'homme descend des animaux et vient en droite ligne du singe, que nous aurez-vous prouvé? Rien que nous ne puissions penser déjà, car Dieu, qui a créé tous les êtres, doit vouloir qu'ils progressent ; et l'évolution ascensionnelle de l'âme, depuis l'embryon d'une fleur, jusqu'à l'être intellectuellement parfait, n'a rien qui puisse surprendre le penseur, et rien non plus qui puisse offenser la raison.

Il est très certain que plus nous avançons à travers les siècles, plus l'intelligence humaine se dégage des voiles de la matière, ce qui est encore une sorte d'évolution vers une perfection plus grande de l'être humain.

*
* *

Il faut convenir que, si la science a marché à pas de géants, l'Eglise est restée immobile, pétrifiée dans son enseignement commenté de la Bible ; c'est cette immobilité qu'elle-même s'est chargée de qualifier d'immutabilité.

Ce serait une grande naïveté de s'en rapporter à son dire. L'homme des anciens temps ne ressemble pas à l'homme de nos jours, en fait d'intellect, et Moïse, écrivant son Décalogue pour relever le moral dégénéré de son peuple, ne doit en aucune façon être imité par nos prêtres, essayant de moraliser le XXe siècle.

Ils ont, nos prêtres, remanié de siècle en siècle la pure doctrine que nous a léguée Jésus. Des vérités grandes et simples que le Christ nous avait laissées comme moyen de régénération, ils sont partis pour établir un culte, des dogmes, et nous prescrire des devoirs trop souvent contraires aux instructions de leur Maître. Ils se sont servis de son style imagé pour imposer des croyances naïves ou barbares : de ce mot « le feu qui ne s'éteint point » est sorti l'enfer, avec son attirail plus ou moins grotesque de démons, de flammes, de reptiles dévorants, tandis que, pour le Christ, il s'agissait simplement de peindre le remords. Ils ont décrété que le ciel, c'est l'éternel bonheur, dans une béate contemplation devant durer toujours. Ne vous en déplaise, ô philosophes catholiques, théologiens, Frères prêcheurs, etc., ce ciel ne serait point une récompense pour l'âme créée par Dieu essentiellement agissante et active ; et vous pourriez tout aussi bien retrancher l'a du mot béate sans faire grand tort à votre description.

Ce paradis impossible ne tente personne, excepté les dévots figés dans leur enveloppe de glace dogmatique. C'est pourquoi les penseurs et les savants se sont de plus en plus écartés du système catholique qui rabaisse l'humanité. Ceux qui ne savent pas penser ont suivi leur exemple, sans se demander pourquoi, et il n'y a pas aujourd'hui de plus invétéré sceptique que l'ignorant qui, ne s'étant jamais donné la peine de rien approfondir, a choisi, toute faite, la doctrine du néant.

Quant à la science que réprouvent les prêtres,

qu'ils bannissent de leurs écoles et de leurs temples, cette science existe; elle a vu et approfondi; elle doit être entendue.

Malheureusement, à côté de la vraie science, il y a celle de nos demi-savants qui décident la solution des grands problèmes de la vie avec trop de sang-froid, nous allions dire trop de sans-gêne. Par exemple, ils ont décidé, dans leur haute sagesse, que le cerveau sécrète la pensée... Je crois qu'ils prennent la cause pour l'effet.

Citons, à ce propos, notre auteur, M. Flammarion, qui a si doctement traité cette grande question :

« Sans doute, dit-il, l'état de l'âme est lié à
« l'état du cerveau : sans doute, l'affaiblisse-
« ment du second entraîne la défaillance de la
« première ; sans doute, l'enfant et le vieillard
« (quoiqu'il y ait de nombreuses exceptions
« pour celui-ci) raisonnent avec moins de luci-
« dité, moins de rigueur que l'homme mûr ;
« sans doute, une lésion au cerveau entraîne la
« perte de la faculté correspondante... Mais
« qu'est-ce que cela prouve, si le cerveau est
« l'instrument nécessaire ici-bas et *sine qua non*
« de la manifestation de l'âme?... Si, au lieu
« d'être la cause, il n'est que la condition ?

« Si le meilleur musicien du monde n'avait à
« sa disposition qu'un piano où plusieurs touches
« manqueraient, ou bien un instrument défec-

« tueux dans sa construction, serait-il légitime
« de nier l'existence de son talent musical, par
« la raison que l'instrument lui ferait dé-
« faut? »

Et plus loin :

« Ne semble-t-il pas que c'est précisément
« parce que la pensée indépendante et active a
« fortement travaillé dans cette tête, parce
« qu'elle s'est repliée maintes fois sur elle-même,
« qu'elle a travaillé sous les angoisses de
« l'anxiété, les serres de la crainte, les extases
« du bonheur ; qu'elle a cherché, creusé, mé-
« dité des problèmes, qu'elle s'est tour à tour
« révoltée et soumise, en un mot, qu'elle a ac-
« compli de rudes labeurs dans ce crâne, *que
« la substance qui lui servait* à communiquer
« avec le monde extérieur, a gardé les traces de
« ces mouvements et de ces veilles?... C'est du
« moins là notre opinion, et nous pensons
« qu'il serait difficile de nous démontrer le con-
« traire. »

(*Dieu dans la Nature*, p. 258-259).

« Le travail de l'esprit sur la matière n'existe-
« t-il pas évident comme le jour? et les con-
« clusions ne descendent-elles pas d'elles-
« mêmes ouvrir le passage triomphal à notre
« Doctrine? »

(*Dieu dans la Nature*, p. 260).

Le Docteur Paul Gibier cite dans son Livre,

« *Analyse des choses,* le cas d'un homme pa-
« ralysé de la moitié du corps, qui, tout en
« étant incapable de faire agir les centres
« moteurs cérébraux détruits, possède encore la
« faculté de *vouloir* le mouvement des membres
« qu'il essaye en vain de faire agir. Ce fait per-
« met de supposer que la volonté a son siège
« indépendant, et qu'elle n'est pas localisée plus
« spécialement dans un hémisphère central que
« dans l'autre. »

Il dit encore : « Voyant les effets de la mort
« et l'inertie d'un cadavre, l'homme en dé-
« duit que la matière seule ne *comprend* ni ne
« *pense.* »

L'esprit étant bien le maître du cerveau, il est évident que tous ses mouvements agissent sur la substance cérébrale et sont la cause de ses changements. La pensée domine donc le corps. Un mouvement passionné de l'âme, joie, terreur, douleur, peut déterminer une lésion au cerveau ; de même qu'un choc, une chute pourront être une cause de folie ou d'idiotisme. L'instrument de l'esprit ayant été altéré par un accident, il en résulte que l'esprit ne peut se servir de cet instrument défectueux que d'une manière fort imparfaite ; alors, il en semble lui-même imparfait. Ne confondons pas l'effet avec la cause.

Et si nous allons du cerveau à d'autres organes, ne savons-nous pas qu'une émotion active les pulsations, qui sont elles-mêmes les mouvements de vibration se manifestant dans les fluides élastiques? Les larmes ne coulent-elles pas dans la tristesse et la joie? Ne s'évanouit-on pas dans une grande surprise ou une grande douleur?

Ces observations nous « incitent à croire que « la pensée, être immatériel, a son siège dans le « cerveau, et que cet organe est son serviteur » (Flammarion).

Et encore, si la pensée est une production du cerveau, au lieu d'en être la motrice, que deviennent alors les vertus : la bonté, le courage, le dévouement, la patience ? Que deviennent l'amour, l'amitié, l'espoir, l'intelligence ? Qui les produit ? Des combinaisons chimiques ?... Dans ce cas, plaignons l'humanité, qui ne pourra s'élever bien haut, dans la suite des temps, et qu'un accident fortuit détruira comme il l'a édifiée ; car, l'humanité ne serait alors qu'une combinaison de gaz, tout comme une simple plante, comme le plus infime des quartiers de roche.

Mais, *le moi* qui subsiste malgré tous les changements du corps, l'être intime que nul accident ne peut transformer en un autre être, est la preuve indestructible de l'existence de l'esprit, cause et maître de la matière.

Vous, négateurs de l'âme, comment pourriez-vous expliquer, par exemple, la force de la volonté, la puissance du génie ? Soutiendrez-vous que ce sont là aussi des sécrétions cérébrales ? En direz-vous autant du courage des martyrs, succombant à des tortures inénarrables, plutôt que de rétracter leurs découvertes ou leurs doctrines ? Ce courage serait-il encore une sécrétion animale ?

L'âme a des preuves immortelles et glorieuses à donner de son existence. Ce ne sont pas vos sophismes, ni les arguments de votre fausse science, qui la détruiront jamais. Vous la sentez palpiter dans la profondeur de votre être : n'avez-vous d'amour ou d'amitié pour personne ? Ne vous sentez-vous pas prêts au dévouement pour ceux que vous aimez ? Ne faites-vous pas bon marché de vos goûts ou de votre repos dès qu'il s'agit de vos études ou de vos travaux ? Mais, tout cela, c'est l'âme qui parle en vous de devoir, et qui se fait entendre malgré tous les soins que vous apportez à nier sa voix.

Et les rapports de votre pensée avec ce que vous appelez la beauté ? Est-ce qu'ils ne prouvent rien, eux non plus ? Est-ce que vous ne sentez pas passer devant vous l'idéal divin, aux heures où vous contemplez le ciel étoilé, les grands bois, l'immense océan ? Est-ce qu'une œuvre d'art ne va pas éveiller en vous un sens intellectuel caché, qui se révèle dans la contemplation de cette œuvre par quelque autre chose qu'un organe matériel ?

Qu'est-ce qui sourit en vous devant les berceaux ? Qui donc sanglotte devant les tombes ? Qui donc clame vers un Etre inconnu Grâce et Miséricorde, dans les douleurs que vous subissez ?

Qu'est-ce qui pense et qu'est-ce qui aime ? Ne dites plus que c'est la matière : vous vous rabaisseriez au-dessous du niveau des choses inanimées.

Votre orgueil se refuserait-il à avouer l'existence de l'âme ? Ce serait un triste et pauvre orgueil, en vérité, que celui qui vous pousserait à nier ce qu'il y a de plus noble en vous !

Dans son ouvrage : *Analyse des choses*, le Dʳ Gibier s'exprime ainsi, à propos du Principe intelligent :

« Ce sera une grande honte pour bon nombre
« de savants actuels, de s'être entêtés à mécon-
« naître un fait aussi capital, lequel, surtout
« depuis un quart de siècle, se présente sans
« cesse à leur examen. Le châtiment de ces
« hommes sera, à la fin de la carrière, de voir
« qu'ils ont *manqué* leur vie, et que, *soi-disant*
« savants, ils sont morts ignorant la chose la
« plus importante qu'il leur fût donné de con-
« naître. Mais, patience, encore une fois : la gé-
« nération qui grandit aura sans doute besoin
« d'être contenue, tellement la réaction sera

« forte. Et nous que vous dédaignez, Messieurs,
« à cette heure, nous vous défendrons contre le
« dédain de vos successeurs. « Pardonnez-leur,
« dirons-nous, comme le supplicié du Golgotha,
« ils n'ont pas su ce qu'ils faisaient. Ils ne pou-
« vaient le savoir, et parmi les motifs *avouables*
« qui les excusent, il y a celui-ci : c'est que
« les petites affaires de la vie ordinaire, de leur
« existence vulgaire : étaient trop près de leurs
« yeux, de sorte que, occupant tout le champ
« visuel, elles empêchaient ces pauvres myopes
« de voir les réelles et grandes choses qui sont
« au delà. Simple question d'optique. »

Et ailleurs :

« On pourrait dire que nous savons maintenant
« par les remarquables travaux de quelques sa-
« vants que le double psychique, ou l'âme peut
« s'extérioriser. Si un être intelligent est au de-
« dans de nous et peut en sortir, pourquoi cet être
« ne serait-il pas immortel ? Sans lui, le corps ne
« peut vivre, mais il peut vivre sans le corps. »

Est-ce que le principe de l'âme, vous ame-
nant tout naturellement à admettre le principe de
Dieu, serait la cause de cet orgueil inqualifiable ?
Ce serait encore plus insensé... La croyance en
Dieu vous relève et vous honore ; au lieu d'être
le fils d'une aveugle combinaison de la Matière,
vous devenez celui de l'Intelligence infinie qui
régit l'Univers.

Il y a parfois une vraie fierté à s'incliner devant un être plus grand ou meilleur que soi-même, à se dire : Je fais partie de sa maison, de ses amis, de ses enfants !

Il y a une grandeur indicible dans ces mots : Je suis le Fils du Dieu éternel qui m'a créé !

Si la fleur éclose sur un fumier pouvait parler, à coup sûr, elle ne vous dirait pas : Je suis la fille de ces organes décomposés, et je m'en fais honneur ! Elle vous dirait : Je suis la fille de la Grande Nature ; un rapide oiseau qui passait, portant une graine en son bec, m'a semée dans cette fange.

Et Vous, vous êtes le fils du Dieu éternel qui vous a placé dans un corps de chair, pour votre épreuve. Reconnaissez donc en votre être le principe divin ; qu'il se nomme intelligence, bonté, amour, il est en vous, en votre conscience, au plus intime de vous-même ; il vient de Dieu ; il doit remonter à Lui, et il vous appartient de le rendre de plus en plus digne de son auteur.

*
* *

Il est une partie des matérialistes qui ne nient pas complètement l'existence de Dieu, mais qui en font une sorte d'abstraction, reléguée comme une non-valeur dans quelque lieu ignoré. D'après eux, Dieu est un être abstrait qui ne sait rien des choses de ce monde, et s'ignore à peu près lui-même ; c'est un rouage des mouvements de l'Univers, mais un rouage aussi inconscient que le sont l'essieu d'une charrue ou le pendule d'une horloge.

A quoi bon, nous le demandons, un Etre suprême inconscient des choses qu'il produit ? Ce n'est plus alors le Maître de la Maison, mais le serviteur obéissant machinalement à un ordre donné, à une règle imposée, et qui ne peut ni ordonner, ni régler lui-même quelque chose, d'aucune sorte que ce soit, dans le gouvernement du domaine.

Dans ce cas, à quoi bon cet Etre suprême qui ne commande, ne gouverne et ne crée rien ? Si vous le reléguez à la seconde place, il devient par cela même le serviteur de la matière aveugle ; votre raisonnement revient au même que si vous prétendiez qu'il n'existe pas ; et vous n'avez pas fait un pas de plus que vos confrères en négation, car nier la prépondérance sur toutes choses d'un Etre créateur, c'est nier son existence même.

Tous ces esprits savants, demi-savants, raisonneurs, sont fort illogiques, et peu conséquents avec eux-mêmes : ils reconnaissent un ordre admirable dans la Nature, — ordre qu'ils sont, du reste, bien forcés de constater, — et ils s'empressent d'ajouter que Dieu n'existe pas ; ou si quelques-uns parmi eux lui concèdent le droit d'existence, ils lui contestent celui de créer. C'est donc, d'après eux, la matière qui se crée, se combine et se gouverne toute seule. Dans ce cas, la matière est donc intelligente, ou renferme une intelligence, puisqu'elle produit des effets intelligents ?

Comment appellerez-vous cette Cause, cette force, cette intelligence ?

A part ceux qui, refusant d'écouter la raison, nient pour nier, tels que Karl Vogt, Bûchner, Moleschott, M. Taine, la plupart des savants matérialistes gardent l'idée du Principe divin. Par exemple, dans le système de Darwin, nous apercevons la croyance à un Etre Suprême ; Geoffroy Saint-Hilaire affirme les manifestations de la puissance créatrice; Charles Lyell, Orven, Lamark, Leibnitz, Descartes gardent le même raisonnement.

Dans un autre ordre d'idées, et si nous consultons les Princes de la Littérature, nous trouvons, parmi ceux qui respectent l'idée de Dieu, quelque jugement qu'ait porté contre eux le clergé catholique: Voltaire, J.-Jacques Rousseau, Victor Hugo, George Sand, etc.

Deux de ces auteurs ont eu l'honneur de voir leurs ouvrages servir à un autodafé : ce sont Voltaire et Rousseau. L'Eglise ne pouvant plus brûler les corps, continue à brûler les livres condamnés.

Nous le répétons, l'Eglise et les sectes qui la

représentent ont beaucoup aidé à répandre le matérialisme : d'abord, en obligeant, sous la menace d'horribles châtiments éternels, à croire à des dogmes impossibles ; puis, en qualifiant d'hérétiques, d'athées tous ceux qui ne pensent pas comme elles. D'après l'Eglise, ne croire à rien, c'est être impie ; et croire à la Majesté d'un Dieu unique, c'est encore être impie ; et l'homme qui refuse de se soumettre à ses décisions devient un maudit, réprouvé, condamné d'avance à l'Enfer par un Dieu vengeur. L'Eglise s'est érigée juge de toute conscience, oubliant qu'il appartient à Dieu seul de juger, ainsi que l'a rétabli son fondateur, Jésus. Comment un être raisonnable et pensant peut-il se soumettre à cette Eglise devenue antidivine et antihumaine ? De là vient que tant de penseurs se sont écartés d'elle, et que plusieurs d'entre eux, hélas ! dans une déplorable exagération, sont allés jusqu'à repousser toute idée religieuse. Parmi ceux-ci, il en est un grand nombre qui nient Dieu simplement parce que d'autres l'ont nié avant eux, sans examen, sans réflexion, et, surtout, sans savoir pourquoi. Les uns et les autres sont fort blâmables, car on ne doit rien repousser sans un examen approfondi.

Etudiez donc la Cause intelligente dans ses effets mêmes ! Etudiez-la en vous et dans la Nature !

M. Milne Edwards, savant zoologiste, cité

par Flammarion, écrit ceci : « Comment peut-il
« se trouver des hommes qui viennent vous dire
« que toutes les merveilles de la Nature ne sont
« que des effets du hasard, ou bien encore, des
« conséquences des propriétés générales de la
« matière, de cette Nature qui forme la subs-
« tance du bois, ou la substance d'une pierre ;
« que les instincts de l'abeille, de même que la
« conception la plus élevée du génie de l'homme
« ne sont que le résultat du jeu de ces forces
« physiques ou chimiques qui déterminent la
« congélation de l'eau, la combustion du char-
« bon ou la chute des corps ; ces vaines hypo-
« thèses ou, plutôt, ces aberrations de l'esprit,
« que l'on déguise parfois sous le nom de science
« positive, sont repoussées par la vraie science.
« Le naturaliste ne saurait y croire. Pour peu
« que l'on pénètre dans l'un de ces réduits obs-
« curs où se cache le faible insecte, on entend
« distinctement la voix de la Providence dictant
« à ses enfants les règles de leur conduite jour-
« nalière. »

Flammarion ajoute : « Dans toute la répu-
« blique de la vie, la main du Créateur intelli-
« gent et prévoyant apparaît aux yeux qui
« voient justement ; et quand le doute vient
« troubler notre esprit, nous ne saurions mieux
« faire que d'étudier attentivement la Nature ;
« car, pour les hommes qui ont en eux le sen-
« timent du Beau et du Vrai, le spectacle splen-

« dide de la Création dissipera bientôt les nuages
« et ramènera la lumière. »

(*Dieu dans la Nature*)

Citons encore ce passage :

« De même que les théologiens du Moyen Age
« confondent l'idée religieuse en elle-même avec
« la forme Catholique particulière, ils pro-
« clament (les matérialistes) que la démonstra-
« tion de la fausseté de nos notions individuelles
« entraîne la ruine de l'objet même de ces no-
« tions. Vraiment, pour des esprits accoutumés
« à la rigueur du raisonnement, pour des
« hommes savants qui paraissent chercher avec
« le plus absolu désintéressement la vérité, si
« longtemps dissimulée, ils ne font preuve ni
« d'une excellence de Jugement, ni d'une su-
« périorité dans l'ensemble de leurs vues. Au
« contraire, ils mettent directement en évidence
« l'étroitesse de la sphère qu'ils habitent ; ils
« semblent déterminés à refuser tout agrandis-
« sement de cette sphère, et décidément obstinés
« à en refuser l'accès à toute lumière, comme
« s'ils craignaient que cette lumière ne vînt ré-
« pandre une clarté révélatrice sur leur horizon,
« et reculer trop au delà de leur portée les li-
« mites de leur Univers. »

(*Dieu dans la Nature*).

Il faut conclure, d'après tout ce qui existe, en

nous et au dehors de nous, qu'il est impossible de nier Dieu, à quelque point de vue que l'on se place. Tout vient de lui et doit y retourner: êtres, choses, lumière, intelligence, amour, idéal, inspiration. Dieu, qui est la force vitale, l'Ame de l'Univers, respire et palpite dans la Nature entière. Et sa présence s'affirme partout, en nous comme en dehors de nous.

Monte donc à Dieu, Ame humaine, comme à ton centre éternel ! Ame, étincelle divine, reconnais ton auteur et reviens à ton foyer... Homme, incline-toi ! Aime et prie : Voici ton Père ! Ecoute la voix de ta Conscience ; c'est le guide qu'Il t'a donné ; regarde la Création et abîme-toi dans l'amour qui vient de Lui et te fera retourner à Lui !

Les hommes l'ont nommé, selon leur culte et leur pays : Jéhovah ! Brahma ! Allah ! Zeus ! Jupiter ! Varouna ! Elim !...

Il n'a pas de nom... il est le Principe de Vie, la Cause éternelle, l'Absolu !...

Il est en toutes choses, car toutes choses viennent de Lui. Insensé est celui qui le renie sans vouloir comprendre l'absurdité qu'il commet ; et bien coupable est celui qui le renie sachant ce qu'il fait, car, ainsi que le dit un de nos grands poètes : Alfred de Musset :

« Nul n'a pas renié Dieu sans mentir. »

(Espoir en Dieu).

II

CHRISTIANISME ET CATHOLICISME

L'humanité a toujours eu besoin d'une croyance. Il est inné chez l'homme faible et misérable de lever les yeux vers *quelqu'un* de plus grand que lui, quelqu'un qu'il ne connaît pas, mais dont il soupçonne l'existence, au milieu des abîmes de sa pensée.

L'homme des races primitives a pu placer ce maître inconnu dans la profondeur de l'azur, en quelque monde idéal situé entre les soleils et l'espace. A la fin du Moyen Age, l'ignorance du monde physique était encore à son comble, et lors de la découverte de l'Amérique, par Christophe Colomb, en 1430, on croyait que la terre était plate, appuyée sur un centre inconnu, et que les cieux étoilés étaient simplement le dôme sous lequel la munificence de Dieu abritait notre petite planète.

Galilée fut condamné à la prison perpétuelle pour avoir osé découvrir que la terre est ronde, et qu'elle tourne autour du soleil (1615).

L'homme des anciens temps avait donc pu se faire une religion appropriée à son état d'ignorance, et il cherchait Dieu dans sa raison enténébrée.

Cependant, bien avant l'ère du Christ, la terre avait entendu des rénovateurs. Un des peuples primitifs, les Védas, dont l'origine indoue se perd dans la nuit des temps, croyait à l'immortalité de l'âme et préparait le Brahmanisme.

Plus tard, Krishna, élevé dans la solitude et la méditation, se mit à parcourir les villes et à répandre un enseignement divin, parmi les races indoues. Sa morale était sublime, et les Bramines l'ont conservée dans leurs livres sacrés.

Six cents ans avant Jésus-Christ, nous voyons apparaître Bouddha, que les peuples Orientaux ont divinisé comme les peuples Occidentaux ont divinisé Jésus de Nazareth. Bouddha fut un réformateur pour les Indes; ses doctrines sont admirables. Il professait et prêchait le détachement des choses de la terre, en vue de l'immortalité des hommes, et répandait la charité. Il pratiquait la prière et enseignait le moyen de communiquer avec les âmes des morts, idées que nous retrouverons plus tard avec la Doctrine du Christ.

A peu près dans le même temps, la Grèce eut Pythagore qui tenait à Crotone une Académie célèbre et qui partagea avec Platon la gloire des grandes initiations pour l'humanité.

Enfin, apparut le Christ, idéale figure dont la charité était incomparable, qui guérit et éclaira, passa en faisant le bien, renouvelant l'esprit de la terre, enseigna aux simples sa doctrine, donna sa loi d'amour aux Isréalites égarés, et mourut pour l'humanité, sur un gibet infâme.

Le Christ doit être considéré comme le rénovateur de la terre entière, car ses enseignements ont fait le tour du globe terrestre.

De même que Khrisna et Bouddha, Jésus a prêché le pardon des offenses, la charité pour nos frères en humanité, la simplicité et le sacrifice des passions. Joignant l'exemple à la parole, il a mené une vie pure ; il était pauvre, et n'ayant pas d'or à donner, il distribuait sa vivifiante parole à tous ceux qui voulaient l'entendre; les plus humbles et les plus petits étaient les mieux accueillis de Lui ; il souriait aux enfants, et imposait ses charitables mains sur les malades, pour les guérir et les sauver. Les plus méprisés trouvaient grâce auprès de lui, et il ne repoussait ni misères, ni souillures.

Il n'avait de sévérité que pour les grands et les puissants, et il flagellait l'orgueil du sacerdoce.

Jésus est donc le fondateur de la religion d'Occident, comme Bouddha est celui de la religion d'Orient.

Après lui, ses disciples continuèrent de pratiquer la religion qu'il avait établie, se passant de bouche en bouche ses inoubliables instructions, car aucun écrit n'en était resté après lui.

Les premiers chrétiens se traitaient de frères ; ils se réunissaient pour entendre parler de la doctrine de Jésus et partager le pain en souvenir de Lui, dans de fraternelles *agapes*, ainsi que lui-même l'avait recommandé à la dernière Pâque. Ils vivaient dans la charité, mettant leurs biens en commun, le riche aidant le pauvre ; enfin, c'était le règne de la parfaite solidarité.

Les premiers évangiles apparurent vers l'an quatre-vingt de l'ère chrétienne. Nous lisons dans *Christianisme et spiritisme* de Léon Denis :

« Ce n'est que de l'an 60 à 80 qu'apparaissent
« les premières relations écrites, celle de Marc,
« d'abord, qui est la plus ancienne, puis les pre-
« miers écrits attribués à Matthieu et à Luc,
« tous écrits fragmentaires, et qui vont s'ac-
« croître par des additions successives comme
« toutes les œuvres populaires. C'est seulement
« vers la fin du 1er siècle, de 80 à 98, qu'est né
« l'Evangile de Luc, ainsi que celui de Mathieu,
« le primitif, actuellement perdu ; enfin, de 98
« à 100, apparut, à Ephèse, l'Evangile de Jean.

« A côté de ces Evangiles, seuls reconnus
« depuis par l'Eglise, un grand nombre d'autres

« voyaient le jour. On en connaît actuellement
« une vingtaine, mais au III° siècle, Origène en
« citait un nombre plus élevé. Luc y fait allu-
« sion dans le premier verset de l'œuvre qui
« porte son nom.

« Pour quelle raison ces nombreux docu-
« ments ont-ils été déclarés apocryphes et
« rejetés ? Très probablement parce qu'ils étaient
« devenus gênants pour ceux qui, aux II° et
« III° siècles, imprimèrent au Christianisme une
« direction qui devait l'éloigner de plus en plus
« de ses formes primitives, et, après avoir
« repoussé mille systèmes religieux qualifiés
« d'hérésies, devait aboutir à la création de
« trois grandes religions, dans lesquelles la
« pensée du Christ gît cachée, ensevelie sous les
« dogmes et les pratiques, comme en un tom-
« beau. »

Après cette citation, il ne faut pas s'étonner si les Evangiles fourmillent de contradictions. Celui des Evangélistes qui rapporte le plus de paroles du Maître est saint Jean. Or, cet apôtre écrivit seulement vers la fin du I⁰ʳ siècle de l'Eglise, alors qu'il n'était qu'un vieillard, et que ses souvenirs pouvaient être altérés ou confus. Enfin, le texte des Evangiles fut plusieurs fois remanié par les Docteurs de l'Eglise et les Conciles, entre autres, par saint Jérôme (384) à qui le pape Damase avait confié la tâche de faire une traduction latine de la Bible et des Evangiles.

Saint Jérôme se plaignait vivement au Pape de cette tâche qu'on lui avait confiée, objectant la lourdeur de la responsabilité dont il allait se charger vis-à-vis des siècles à venir. Le pape commanda. Saint Jérôme obéit, malgré les difficultés de l'œuvre. Il appela sa traduction la *Vulgate*; et c'est cette traduction qui sert de base à la croyance catholique. L'auteur livra son travail et le termina par ces mots : « Après « avoir comparé un certain nombre d'exem- « plaires grecs, nous les avons combinés de « telle manière que, corrigeant seulement ce « qui nous paraissait altérer le sens, nous avons « maintenu le reste tel qu'il était » (*OEuvres de saint Jérôme*. Edition des bénédictins, 1693).

Donc, voici l'Evangile déjà passé de bouche en bouche à la génération nouvelle, pendant un siècle, remanié plus tard dans une langue étrangère à sa conception, et par les soins d'un homme qui s'avoue lui-même au-dessous de sa tâche, dans ses doutes et ses résistances du commencement.

Si nous passons maintenant à un autre ordre de choses, nous voyons les chrétiens évoquer les morts dans leurs premières assemblées, les interroger au sujet des décisions graves, et prendre leurs conseils sur les points obscurs ou difficultueux de la doctrine. Origène cite les manifestations des morts : saint Augustin en parle dans son Traité de la *Cité de Dieu* ; d'autres écrivains, considérés comme saints par l'Eglise, en parlent aussi pour les attester et recommander les évocations. Les manifestations et les révélations continuent jusque vers le vi° siècle. A ce moment, les conciles, interdisant toute communication des chrétiens avec les âmes des morts, et traitant les évocations de commerce avec les démons, affirment que Dieu relègue les âmes des morts dans des lieux inaccessibles d'où ils ne peuvent plus s'entretenir avec les humains.

Cependant, d'après l'Eglise, ce pouvoir est laissé aux démons ou esprits mauvais, lesquels sont là, placés près de l'homme pour le tenter et le conduire à l'abîme. Ainsi, les prêtres du Christ veulent fermer l'accès de la terre aux entités de l'espace, et faire taire ces voix qui ont toujours parlé aux hommes depuis les premiers âges du monde. Ils veulent garder à leur profit le bénéfice des instructions, et diriger les fidèles à leur guise, pour arriver par ces moyens à l'apogée de la puissance et de la richesse.

La voix des conciles parla plus haut que celle des Esprits ; la menace de l'Enfer et les doigts brûlants de la torture firent courber la tête et les genoux des tremblants humains, et le silence se fit entre la terre et l'Au-Delà.

        *
     * *

Jésus avait donné aux hommes une morale simple et pure, qui pouvait se résumer en deux mots : humilité, charité.

Les hommes ont transformé à leur guise cette divine morale, dans leur passion de richesse et de pouvoir.

Jésus avait défendu à ses disciples le faste et l'opulence : dès le III° siècle, on voit apparaître la pompe et le luxe dans les cérémonies du culte ; et la religion de l'âme par excellence commença à se transformer en un culte matériel où l'or et la pompe remplaçaient la simplicité de l'adoration conseillée par Jésus lui-même : « Dieu est esprit, il le faut adorer en Esprit et en Vérité » ; et : « Quand vous voudrez prier, renfermez-vous dans votre chambre, et priez ainsi : Notre Père qui êtes aux cieux !... »

Dès lors, on abandonne volontairement l'idée première, l'idée émanant du fondateur de la Doctrine, et la religion devint le moyen d'une domination occulte et cachée sous les apparences du culte rendu à Dieu. C'est ainsi que les instructions primitives furent dénaturées par les Conciles ou Assemblées générales, où le Pape et les Évêques rassemblés dictaient des lois à l'Eglise naissante et entassaient les dogmes obscurs sur l'enseignement du Christ, afin d'étouffer la voix de celui-ci pour les siècles à venir.

Cette œuvre antidivine commença avec le Iᵉʳ Concile de Nicée, en 325. Ce concile proclama, pour la première fois, depuis la mort de Jésus, la divinité de celui-ci et sa consubstantialité avec Dieu même. Le mystère de la Trinité est ainsi établi par des hommes, qui ne craignent pas de faire des lois au Créateur lui-même. Trois conciles avaient cependant rejeté cette opinion ; celui de Nicée (325) la rendit dogmatique, sous peine d'hérésie, malgré ces paroles du Christ : « Mon Père est plus grand que moi », malgré le nom qu'il se donne lui-même de « Fils de l'homme », et cette parole à ses disciples : « Pourquoi m'appelez-vous bon ? Il n'y a que Dieu seul qui soit bon » (1).

« Les apôtres eux-mêmes, écrit l'admirable
« auteur de *Christianisme et spiritisme*, ne
« voyaient en Jésus qu'un missionnaire, un
« envoyé d'en haut, un esprit supérieur, sans
« doute, par ses lumières et ses vertus, mais un
« esprit humain. Leur attitude, leur langage le
« prouvent clairement : s'ils l'avaient considéré

---

(1) Le clergé instruit est sans doute pénétré, malgré tout, de la Doctrine du Christ : l'auteur, se trouvant à un sermon, pour la cérémonie de la 1ʳᵉ communion, dans la basilique Saint-Nicolas (Nantes), a entendu l'orateur prononcer ces paroles : « Oui, mes enfants, vous venez de recevoir dans votre bouche Jésus, *cette âme* la plus pure *qui soit jamais sortie des mains du Créateur* » (31 mai 1902).

« comme un Dieu, ne se seraient-ils pas proster-
« nés devant lui, *n'est-ce pas à genoux qu'ils lui
« eussent parlé ?* Tandis que leur déférence et
« leur respect ne dépassaient pas ce que l'on
« doit à un maître, à un homme imminent.
« C'est, du reste, le titre de Maître (en hébreu
« Rabbi) qu'ils lui décernaient habituellement,
« les Evangiles en font foi. Quand ils l'appellent
« Christ, ils ne voient dans cette qualification
« que le synonyme d'envoyé de Dieu. Pierre ré-
« pondit : Tu es le Christ » (Marc, VIII, 29).

Enfin, voici les paroles de Pierre s'adressant
aux Israëlites, après la mort de Jésus : « Hommes
« Israëlites, écoutez mes paroles : Jésus, le
« Nazaréen a *été un homme* approuvé de Dieu
« parmi vous ».

A force de vouloir élever, on abaisse. C'est
ainsi que l'Eglise, ayant voulu diviniser un
homme, voit aujourd'hui la grande foule des
penseurs déserter son culte et nier l'existence
même d'un Dieu. C'est aux exagérations du
clergé catholique qu'il faut attribuer la grande
poussée du matérialisme de nos jours, dont
les cœurs vraiment religieux se sentent na-
vrés.

De la divinité de Jésus, établie par le Concile
de Nicée, passons au plus sombre, au plus
monstrueux, au plus impossible des dogmes,
à celui qui blasphème le Créateur en anéantis-
sant sa bonté infinie, à l'Enfer.

Voici donc qu'un Dieu infiniment bon crée, pour les créatures qu'il a placées lui-même faibles et désarmées sur la terre, un lieu d'épouvante et d'horreur, où la plus petite faute, demeurée cachée à l'heure de la mort, sera expiée dans d'éternels tourments. *Eternels !* Comprenez-vous bien ce mot ?... Satan, l'ange de lumière, est devenu l'ange révolté contre Dieu, puis le démon tourmenteur des hommes. Que dirons-nous de cette figure du mal ? Le Moyen Age nous montre ce Satan, dans les sculptures naïves de ses bas-reliefs, que nous retrouvons aujourd'hui presque intacts, dans quelques très anciennes églises ; et ce Satan, ange déchu, tourmenteur des damnés, est souvent représenté dans les plus indécentes postures, et dans les plus obscènes compositions, torturant les créatures maudites de Dieu avec des moyens que notre plume se refuse à décrire, par respect pour nos lecteurs.

Comment voir dans ce démon, figure du mal, un ange qui se révolte et qui tombe ? Si Dieu est infini, que lui fait l'acte d'orgueil d'une de ses créatures ? Eh, comment l'Ange de lumière, connaissant les perfections de Dieu, son infinité, son Eternité, peut-il commettre un acte insensé de révolte contre ce même Dieu ?...

Une seule faute précipite un ange au fond des abîmes ; une seule faute y précipitera également l'homme. Par exemple, voici que le prêtre a fait l'institution du sacrifice ou mystère de la Messe ; il veut qu'on y assiste. Pour une seule fois que vous aurez désobéi à ce commandement, et si, à l'heure de la mort, un prêtre ne vous a pas absous de ce manquement volontaire, Dieu vous maudira et vous plongera pour toujours, — pour toujours, entendez-vous, — dans un abîme de feu. Les siècles et les siècles passeront ; mais votre corps retrouvé, recomposé à l'heure même du Jugement dernier, demeurera toujours plongé dans ce feu, qui brûlera, sans la consumer, votre chair jusqu'en sa dernière parcelle.

Et c'est là le *Dieu clément* que Jésus a prêché ? c'est là le *Père* qui ne veut pas « qu'un de ses enfants périsse ! »

Et dans leur fureur fanatique, les prêtres ont nommé les supplices de l'Enfer : la peine du *dam*.

Il est vrai que pour mitiger leur monstrueuse invention, ils ont, au VIe siècle, admis le Purgatoire, qui est un enfer adouci, et d'où l'on peut sortir au moyen des Indulgences. Quant aux Indulgences, c'est une dîme que l'âme pécheresse paie pour elle-même, ou pour les morts, sous forme de prières et d'aumônes, et dont l'Eglise a le monopole.

Saint Grégoire de Nysse s'est prononcé contre l'Enfer.

Croire à l'enfer et au démon, c'est croire à un

Dieu vengeur et, par cela même, mauvais. Evidemment, le sens des Ecritures est dénaturé.

Ecoutez, à ce sujet, l'apôtre par excellence : « Dieu veut que tous les hommes soient sauvés » (saint Paul, Epître I. Timothée II 4).

Continuons nos pérégrinations à travers les premiers siècles de l'Eglise.

La Confession auriculaire ne fut établie que vers le XIIIᵉ siècle. Jusque là publique ou faite à Dieu directement, elle pouvait paraître la conclusion de ces paroles du Christ : « Confessez-vous les uns aux autres. » Mais cela ne suffisait pas à l'Eglise avide de pouvoir. Elle inventa la confession secrète pour mieux plonger dans la conscience des adeptes. Et l'Inquisition établie, toujours par cette même Eglise, n'eut pas d'arme plus terrible pour pouvoir torturer et faire couler le sang, pendant les six siècles qu'elle dura sous le nom de Saint-Office.

Pourquoi faut-il un intermédiaire entre l'homme et son Créateur ? Et de qui l'homme pécheur lui-même tient-il ce pouvoir de juger son frère, quand le Christ a dit si sagement : « Tu ne jugeras pas. »

Cette institution de la Confession secrète vient des hommes, puisqu'elle a été instituée douze siècles après la mort de Jésus.

L'Eglise s'appuie, pour déterminer les conditions de la Confession, sur cette parole du Christ :

« Tout ce que vous délierez sur la terre sera délié dans le ciel, et tout ce que vous lierez sera lié dans le ciel. » Mais, en admettant que cette parole n'ait pas été ajoutée au texte des Evangiles, et qu'elle ait bien le sens qu'on lui attribue, ce qui laisse dans l'esprit deux points d'interrogation, il reste encore à dire ceci, Jésus remettait ses pouvoirs à des hommes qui lui obéissaient ; mais s'il avait prévu quel usage on ferait de ces mêmes pouvoirs dans la suite des temps, changeant et abattant tout ce qu'il avait édifié, il est certain qu'il n'eût pas conféré ces pouvoirs.

Avec l'établissement de la Confession auriculaire et secrète, vient la proclamation du dogme de la transsubstantiation, c'est-à-dire le corps du Christ changé en pain et consommé tous les jours, à la Messe, sur des milliers d'autels. (XIII° siècle). Jusque-là, les fidèles avaient partagé entre eux le pain du sacrifice, *en mémoire de la Pâque*. Le dogme de la transsubstantiation est donc une interprétation fausse des paroles de Jésus à cette dernière Pâque : « Faites ceci en mémoire de moi » (Luc, ch. XXII).

Quant à ces mots prononcés sur le pain et sur la coupe du vin : « Ceci est mon corps, ceci est mon sang », Jésus ne pouvait y montrer son corps et son sang puisqu'il était là, vivant ; nous ne devons y voir qu'une allégorie, ainsi que dans les Paraboles. Il ne faut pas oublier que

Jésus était un Oriental, et par cela même, il se servait le plus souvent du style harmonieux et imagé des gens de son pays.

Nous ne parlerons ici que pour mémoire de la Confirmation ou Imposition des mains; du Sacrement de Mariage que, dit-on, Jésus a institué par sa présence aux noces de Cana; de l'Extrême-Onction, ou onctions faites sur le corps du malade, avec de l'huile consacrée par l'Eglise.

Arrivons au Baptême, aspersion d'eau qui doit laver l'âme du péché originel. Et d'abord, pourquoi un péché originel ? l'Eglise n'admet qu'une incarnation : est-ce donc qu'elle accepterait la loi hébraïque qui « frappe les enfants pour les fautes de leurs parents, jusque dans les générations à venir? » Mais cette loi est un outrage à la Justice divine, un outrage à la raison même. Nul ne peut et ne doit répondre des fautes qu'il n'a pas commises ; et notre faible Justice humaine regarderait comme une déchéance au bon sens de condamner un homme dont le père aurait commis un meurtre. Donc, nous ne pouvons imputer à Dieu une pensée, une mesure de rigueur que rejetteraient avec horreur des créatures imparfaites.

Si l'Eglise veut, par la croyance au péché originel, prouver la nécessité du Baptême, elle se trompe sciemment : « Le Christ, est-il écrit, a voulu recevoir le baptême des mains de saint

Jean. » Mais ce baptême constituait plutôt pour lui la cérémonie de l'adoption d'une nouvelle croyance, que la purification par l'eau de péchés imaginaires; quant aux Pharisiens et aux Saducéens qui venaient au baptême de Jean, il s'agissait réellement pour eux d'un changement de croyance, d'une conversion aux idées nouvelles. « Pour moi, dit le Baptiseur, je vous baptise dans l'eau en vue de la conversion » (Luc, ch. III, V, 16) (Matth, ch. III, V, 11). Et il ajoute : « Celui qui vient après moi est plus puissant que moi. Il vous baptisera d'esprit saint et de feu » (Matthieu, III, V, 11-12).

Si nous passons maintenant au dogme de la Résurrection de la Chair, nous trouvons une croyance absolument enfantine. Par la science actuelle, nous savons que tous les éléments qui constituent notre corps sont remplacés par d'autres éléments identiques en l'espace de quelques années, c'est-à-dire que la peau, la chair, les muscles, les nerfs, les os, etc., se désagrègent et se renouvellent, en passant constamment d'un organisme dans un autre. Après la mort, cette désagrégation est plus accentuée, et tout notre corps jusqu'au dernier atome passe dans la terre, dans les plantes, dans l'air, d'après la loi de transformation éternelle qui régit l'univers. Ses atômes passant incessamment de l'un à l'autre organisme, quel miracle pourrait les réunir au dernier jour de la planète terrienne ? Evidemment, il s'agit dans la Résurrection du *corps spirituel* dont parlent les Pères de l'Eglise. Saint Paul, Origène et bien d'autres attestaient la vie de ce *corps spirituel* que les spiritualistes appellent *Périsprit*, et qui est l'enveloppe fluidique de notre âme (1).

Le Christ, en fondant sa religion de paix et d'amour, l'a donnée aux hommes toute simple ; aucune idée de dogme ni de sacerdoce ; c'était une doctrine de charité et d'entente fraternelle qu'il entendait leur léguer, afin qu'ils puissent marcher vers leur destinée future dans la solidarité et le perfectionnement de leur être moral.

*
* *

Vers le XIIIe siècle, l'esprit humain, surchargé de dogmes irraisonnables, de croyances blasphématoires, attentant à la Suprême Majesté de Dieu, unique créateur et conservateur, l'esprit humain commença à se sentir troublé dans le plus intime de sa conscience révoltée. Sur quelques points de l'Eglise latine, des voix s'élevèrent avec force, pour protester contre cet envahissement déplorable du culte dogmatique dans l'esprit pur du Christianisme.

---

(1) Ce corps spirituel est encore appelé Cha ou Ka par les Chinois, et Astral par les occultistes.

Aussitôt, et pour répondre à cette audace, l'Eglise s'arma du glaive de la persécution et ferma, avec le fer et le feu des tourmenteurs, les bouches qui osaient protester.

Le Pape Innocent III envoya des missionnaires dans le sud de la France en 1204, pour convertir les Albigeois ou Manichéens ; puis, n'y réussissant pas, on prépara contre eux une croisade où 60.000 hommes furent massacrés au nom du Seigneur.

L'inquisition était établie.

Les premiers Inquisiteurs furent Pierre de Castelnau avec quelques moines de l'ordre de Cîteaux ; puis saint Dominique, qui reçut du Pape, en 1215, le titre de Grand Inquisiteur général. L'inquisition, née en France, ne tarda pas à s'étendre, d'abord en Italie, puis en Allemagne ; et enfin, ce fut en Espagne que ce tribunal de sang exerça le plus de puissance. En Espagne, on poursuivit avec acharnement les juifs et les Maures relaps. Le mot relaps désignait un homme converti une fois par le Saint-Office ou Tribunal de l'Inquisition, et qui était, d'après les termes employés par les Inquisiteurs eux-mêmes, « retombé dans son péché » (1).

Alors, il se passa, dans le sein de l'Eglise du

---

(1) Ainsi Jeanne d'Arc fut condamnée comme sorcière et *relapse* par le tribunal de l'Evêque Cauchon (Rouen 1431).

Christ, des choses abominables : on vit des moines béatement encapuchonnés, et les mains armées du chapelet, s'ériger en juges de leurs propres frères ; on vit les tourmenteurs ou bourreaux, cachés sous la mystérieuse cagoule des *Frères de la Miséricorde* (dérisoire dénomination !), se pencher sur les victimes et leur labourer les chairs avec des instruments de torture inventés pour la circonstance, faire couler le sang à flots, et conduire au bûcher, dans l'enveloppement de longues robes soufrées appelées *San-Benito*, les victimes échappées à la torture !

Siècles d'horreur ! Siècles monstrueux pendant lesquels Jésus a dû se voiler le visage, pour ne pas maudire ses prêtres menteurs et son Église agonisante dans le sang et dans le feu !

Que de voix libératrices, que de voix saintes furent étouffées ainsi ?

Telle fut celle de Jordano Bruno, moine bénédictin qui sortit de son couvent, pour se livrer à l'étude de la philosophie. Il enseignait que Dieu est l'âme de l'Univers, et mêlait à ce système quelques idées pythagoriciennes. Arrêté à Venise, il fut conduit à Rome et brûlé vif, comme hérétique et violateur de ses vœux (1600).

Galilée, plus heureux, ne se vit condamner qu'à la prison perpétuelle, pour avoir osé avancer cette opinion scientifique : « Que le soleil est immobile, et que la terre tourne autour du soleil ». (1615) Cette opinion, qui était exacte, avait le tort de contredire la Bible en plusieurs points.

Campanella, qui subit sept fois la torture et une détention de 27 années, pour avoir écrit plusieurs traités de philosophie (1568) dans le même genre que Jordano Bruno.

Pierre Ramus, professeur de philosophie et d'éloquence au collège de France, qui, ayant embrassé la Réforme, fut enveloppé dans le massacre de la Saint-Barthélémy (1572).

Jean Huss, né en Bohême, de parents pauvres, entré dans l'état ecclésiastique et devenu confesseur de la reine Sophie de Bavière. Il embrassa la doctrine de la Réforme et la propagea avec zèle, attaquant les vices du clergé, les excommunications, les Indulgences, le culte de la Mère du Christ et celui des Saints. Il soutint ses opinions dans son Traité de l'Eglise Alexandre V l'excommunia ; il en appela au Concile de Constance, où il se rendit muni d'un sauf-conduit de l'Empereur ; malgré ce sauf-conduit, ayant refusé de se rétracter, il fut brûlé vif, à Constance (1415).

Jérôme de Prague, disciple de Jean Huss, qui osa défendre son maître devant le Concile de Constance, et pour ce, fut brûlé peu après Jean Huss. (1416)

Jeanne d'Arc, l'héroïne française, dont chacun connaît la merveilleuse histoire, qui fut jugée par un tribunal de prêtres inquisiteurs à la tête desquels siégeait Cauchon, l'archevêque de Rouen. Le tribunal de l'inquisition la décréta « sorcière et relapse », et l'abandonna au bras séculier, c'est-à-dire aux bourreaux. La Vierge guerrière fut brûlée vive (Rouen, 31 mai 1431).

Et tant d'autres victimes !

A travers les siècles, l'inquisition poursuit sa marche terrifiante. Elle n'épargne ni le sexe, ni l'âge. Elle ne connaît ni les larmes des mères, ni le désespoir des époux. Elle fait les femmes veuves et les enfants orphelins. Qu'importe ! elle a courbé tous les fronts devant elle, et brisé ceux dont la raison parlait trop haut.

En Espagne, sous le ministère de Torquemada, moine dominicain, confesseur de la reine et grand inquisiteur général, c'est par milliers que les victimes sont torturées et brûlées (1498).

Ce tribunal sanglant, aux mains de prêtres de Jésus, a duré environ six siècles. Il fut aboli, une première fois, au XIXᵉ siècle, par l'entrée des Français en Espagne (1808) et définitivement par les Cortès ou assemblées législatives, en 1820.

L'inquisition n'est pas loin de nous ; on ne peut donc pas invoquer pour sa défense la barbarie des temps où elle fut établie. En plein XIXᵉ siècle, elle existait encore. Et voilà ce qu'un grand nombre de Catholiques d'aujourd'hui osent appeler, en les regrettant : *les siècles de foi* ! Oui, foi ardente, en vérité, car c'était la foi par le fer et le feu, la foi éclairée à l'ardeur des bûchers qu'on alimentait de victimes humaines aux chairs palpitantes.

Maintenant, si l'on ne torture plus, on maudit, on excommunie encore ; et toujours armé de cette parole que le Christ régénérateur n'a peut-être jamais prononcée. « Ce que vous lierez sur la terre sera lié dans le ciel », le prêtre anathématise, du haut de la Chaire, des êtres humains comme lui, et les voue par avance « au feu qui ne s'éteint jamais », en opposition avec cette parole : « Dieu ne veut pas qu'un de ces petits périsse. »

L'Eglise a donc étouffé pendant plus de six siècles la voix de la conscience humaine qui clamait pour ses droits, en redemandant le règne du Christ. Et, à cette heure, les Catholiques sont plongés dans un abîme d'erreurs d'où ils ne se relèveront qu'avec le secours de leur raison. Or, cette raison, on leur défend de s'en servir, au nom de leur salut éternel.

Cependant, que deviendra l'homme sans le secours de sa raison ? Un être nul, sans force pour le bien parce qu'il ne lui est pas permis de chercher ce qu'est le bien ; un être qui, ayant fait abnégation de son intelligence et de sa volonté, marche sur les pas d'un guide plus aveugle que lui, peut-être, et qui, par cela même, peut le conduire à l'abîme.

De dogme en dogme, de mystère en mystère, on arrive, presqu'à notre époque, à admettre, comme article de foi, la croyance à l'infaillibilité du Pape et à l'Immaculée Conception.

Le premier est rejeté, sinon en paroles, au moins en action par la plupart des ecclésiastiques mêmes, qui ont encore gardé, malgré la loi de l'Eglise, quelques lueurs de leur raison, et tiennent à s'en rapporter à celle-ci. Il est clair qu'un homme, quelque grand qu'il soit, ne peut ni ne doit se donner le privilège d'être assisté par l'esprit de Dieu en toutes ses décisions. Cette pensée même serait un défi jeté à la Toute-Puissance par l'atome raisonnant qu'est l'homme. Est-il donné à quelqu'un, ici-bas, de dire : « Mes décisions sont les décisions de Dieu même ». Oserait-on, par exemple, soutenir qu'un Pape tel qu'Alexandre VI (Borgia) puisse être infaillible dans ses décisions ?...

Quant au dogme de l'Immaculée Conception, qui place la Mère du Christ au-dessus de toutes les créatures humaines, par quel mot, par quel signe le Christ lui-même a-t-il jamais affirmé une semblable croyance? Serait-ce par ces paroles :

« Femme, qu'y a-t-il de commun entre vous

et moi ? » Paroles prononcées aux noces de Cana, lorsque Marie demandait un miracle à son fils ?

(*Ev. selon saint Jean*).

Arrivés à l'époque actuelle, nous pouvons nous convaincre, en étudiant le Nouveau Testament et même les Epîtres, que le fondateur de la Doctrine chrétienne ne lui a donné que bien peu des lois qui la régissent maintenant. Sa vie a été humble, pauvre et remplie de charité ; sa morale se réduisait en ces mots : « Fais aux autres ce que tu voudrais qu'ils te fissent ! » Il a conseillé de prier Dieu dans la solitude et de l'adorer « en esprit et en vérité » ; il a défendu à ses disciples le faste et la richesse ; il a dit à ses apôtres : « Que le premier parmi vous fasse comme s'il était le dernier. » Enfin, montrant lui-même l'exemple de la loi qu'il venait prêcher, il est né dans une étable, a vécu en fils d'ouvrier pendant trente années ; et, plus tard, a parcouru les villes et les villages en réformateur, mais, ne possédant rien, ne vivant que du pain et de l'hospitalité, passant à travers ce monde, détaché de tout, et pur ainsi que doit l'être un prophète.

Il y a loin de cet homme divin aux prêtres de nos jours, qui pourtant se disent descendants des apôtres.

Comparez au Christ humble et pauvre le prélat orgueilleux, son disciple pourtant, du moins, il se nomme lui-même ainsi : ses vêtements sacerdotaux sont tissés de soie et d'or ; il porte à l'annulaire un anneau où rutile une pierre précieuse ; ses valets ont une livrée ; un carrosse est sans cesse à sa disposition pour le conduire dans les cérémonies publiques ou privées ; il habite le plus souvent un hôtel somptueux...

Quant à son enseignement, dès qu'il passe du précepte à l'exemple, la Charité est trop souvent bannie de la Chaire pour faire place à l'insulte et à la menace adressées, au sein du temple même, à ceux qui ne pensent pas comme lui.

Ah ! prêtres du Seigneur, si vous veniez du Christ lui-même, ainsi que vous le dites, on vous reconnaîtrait à vos actes et à votre parole : vous seriez pauvres ou détachés, doux et miséricordieux comme Jésus, et vous passeriez à travers ce monde purs comme des esprits qui possèdent déjà Dieu en eux-mêmes. Mais, loin de là, hélas ! Sectaires catholiques, nous avons trop goûté aux fruits de vos intructions et de votre conduite, pour ne pas en reconnaître l'amertume : qui ne pense pas comme vous est anathématisé ; le cœur de vos adeptes distille la haine, et vous vous réjouissez intérieurement lorsque les enfants de votre troupeau vont, au nom du Seigneur, sans doute, cracher, en se signant, sur la porte d'un protestant (1), ou jeter des pierres aux professeurs laïques.

Il y a dix-neuf siècles que le Christ a passé, et voilà la route que l'Eglise a suivie durant ces dix-neuf siècles.

Quels sont ses fruits à l'heure actuelle ? Montrez-nous la paix, la concorde, la charité que Jésus est venu nous prêcher.

Vous dites que vous êtes des persécutés. Non pas ! C'est vous qui êtes des persécuteurs dans l'idée et dans la forme ; c'est vous qui abattez au lieu de relever ; vous qui condamnez au lieu de pardonner; vous qui brûlez au lieu de sauver ; vous qui détruisez au lieu d'édifier.

C'est grâce à vous que le matérialisme étend aujourd'hui sa désolation sur le monde.

Ames qui aspirez à la paix dans toute sa plénitude, tournez la tête vers l'aurore nouvelle qui monte à l'horizon, en vous promettant un soleil éblouissant. Vous l'avez déjà vu, ce soleil. C'était autrefois, sous le règne du Christ.

Depuis, des nuages de trouble et d'erreur ont passé sur sa face ; il s'est voilé de ténèbres. Mais aujourd'hui la mesure est comble ; chacun cherche en lui-même une solution aux grands problèmes de la vie. Cette solution, ni le matérialisme, ni la Religion dogmatique ne la donnent ; et la conscience révoltée et assoiffée

---

(1) Voir pour le fait la *Bretagne nouvelle*, Janvier 1902.

appelle à grands cris une foi raisonnable.

C'est l'heure. Regardez, le soleil de la foi nouvelle s'est levé : il vous est donné de voir et de comprendre. C'est l'heure de Dieu qui sonne, dans le plus grand vide de vos cœurs.

Terminons sur cette pensée de Laurent de Faget, l'écrivain spiritualiste dont la pure philosophie nous entraîne dans le ravissement vers des chemins nouveaux :

« Les temps viendront, certes ! où Dieu sera
« librement adoré. En ces temps-là, les églises,
« les temples, les synagogues et les mosquées
« ne seront plus qu'un amas de ruines désertes,
« que l'esprit des vivants ne visitera plus. Et
« au-dessus de nous, sous le ciel plus pur, pla-
« nera les mains pleines de fleurs suaves et
« d'épis dorés — l'Ange de la Réconciliation
« humaine. »

(Lettres à un Ecclésiastique. Progrès spirite, juillet 1902.)

DEUXIÈME PARTIE

De la Doctrine Spiritualiste.

*
* *

Cette doctrine s'élèvera au-dessus de tout intérêt terrestre, au-dessus des camps batailleurs du sceptique et du sectaire. Pure dans sa conception, elle remontera à Dieu même, par la pensée des réformateurs du monde, prophètes et Christ, dont elle est émanée ; et sur ses ailes divines, l'âme régénérée pourra planer, libre de toute attache vénale dans l'espace éternel où elle trouvera ce Dieu, sans aucun intermédiaire entre Lui et elle.

Pourquoi donc le matérialiste s'efforce-t-il en vain de trouver le Problème de sa vie intellectuelle dans la substance de son cerveau ? Quel besoin éprouve-t-il de se rabaisser, de se rapetisser, de ne vouloir être qu'un peu de matière détruite à tout jamais, au moindre accident, et dont il ne restera qu'une masse informe rendue à tous les éléments ? Il n'y a ni intelligence, ni dignité dans l'acceptation de ce principe.

Le Dieu immuable est le seul vrai, le seul possible en tant que Principe divin et Créateur. C'est le Dieu de la Raison et de la Science ; c'est aussi celui de l'âme humaine ; c'est le consolateur éternel ; c'est le Père dont nous émanons pour accomplir ici-bas l'épreuve et le Progrès, et auquel nous devons remonter purs et détachés, pour participer à son immutabilité glorieuse.

Ce Dieu-là n'est pas un homme, entendez-vous ? Ce n'est pas Jéhovah qui lance la foudre et décrète la punition des enfants d'Israël. Ce n'est pas le Père éternel tenant en main le globe terrestre, assis sur un trône près duquel se tient le Verbe, son Fils, né d'une Vierge, et au-dessus duquel plane le Saint-Esprit, sous la figure d'une colombe. Ce n'est pas même ce prophète inspiré, le fils de Marie, si humain et si beau, qui va par les chemins, réconfortant les faibles et guérissant les malades. C'est encore moins, — oseriez-vous soutenir le contraire devant la Majesté qui remplit l'espace sans limites ? — c'est encore moins le morceau de pain qu'absorbent les fidèles catholiques à l'issue de l'office, ce morceau de pain qui passe dans chaque bouche, descend dans chaque viscère et va se mêler à ce qu'il y a de plus abject dans l'homme. Dieu ! Dieu ! Mais vous ne comprenez donc pas ce que signifie ce mot ? Vous parlez de « l'amour qui l'a fait descendre vers nous jusqu'aux plus infimes situations. Ne sentez-vous pas que cet amour ainsi divisé, ainsi rapetissé, ainsi méconnu, et démenti par le plus grand nombre des hommes, ne servirait à rien et ne prouverait rien, si ce n'est qu'à recevoir l'injure et le blasphème d'une multitude incroyante, parce qu'elle est trop basse pour se plier davantage, ou trop haute pour rabaisser au-dessous de son propre niveau l'idée qu'elle se fait de Dieu.

Allez, toutes vos injures n'atteindront pas l'Absolu divin dans son ciel ; et toutes vos mensongères inventions ne l'en feront pas descendre. Il est partout pour tous... Vous êtes en Lui, car rien n'existe sans Lui et Il renferme tout ce qui vit ; et si vous voulez communier avec son Éternité adorable, l'envolée de votre âme vers Lui suffira. Cette communion sera plus grande et plus vraie que le *miracle* irrespectueux du petit morceau de pain-dieu ! Et vous vous sentirez mieux réuni à la divine Infinité que par une invention de nourriture corporelle dans laquelle Il se serait mis tout entier. Dogme à la fois enfantin et audacieux, qui tend à rabaisser l'idée de Dieu au-dessous de celle de l'humanité.

Et vous qui vous dites ses prêtres et ses serviteurs, que faites-vous donc de cette parole du

Christ à la Samaritaine : « L'heure vient et elle est déjà venue, où les véritables adorateurs adoreront le Père *en esprit et en vérité*, car ce sont de tels adorateurs que le Père cherche. *Dieu est esprit*, et il faut que ceux qui l'adorent *l'adorent en esprit* et en vérité. » (saint Jean) Est-ce donc l'adorer en esprit que de prétendre faire manger sa chair à des milliers de vos adeptes ?

Étrange contradiction entre le maître et ceux qui se disent ses disciples !

Il y en a tant, du reste, qu'elles ne se comptent plus.

Vous donc qui désirez connaître les vraies voies que l'homme doit suivre pour aller à Dieu; vous qui pleurez et cherchez vainement la consolation autour de vous, venez, étudions ensemble la Sagesse et la Bonté infinies : Dieu ! Vous ne le verrez pas; vous ne le saisirez pas, mais vous le sentirez passer parmi les rayons de ses soleils; dans les âmes de ses saints, dans votre âme, qui en sera éclairée et réchauffée, et s'élancera avec ardeur vers le Bien infini.

Où le chercherons-nous ? N'est-il pas partout ? Cependant, si nous voulons comprendre ses lois et répondre à son amour, il nous faut d'abord l'étudier dans sa nature, dans l'immensité de son ciel. Alors, de même qu'en écoutant les mélodies de la musique, vous trouvez l'âme du compositeur et la sentez palpiter près de vous, de même, en contemplant dans l'espace l'harmonie des sphères, vous sentirez passer en vous l'âme du Créateur.

Nous pourrons aussi la voir se refléter dans les âmes de ses saints, et, de là, elle se penchera vers nous avec un amour infini, pour nous réintégrer en Elle.

I

ASTRONOMIE

(Pluralité des mondes)

L'immensité des Cieux n'a-t-elle jamais parlé à vos cœurs de la grandeur de Dieu ?

Peut-être dans les chaudes nuits d'été, ou dans les nuits glaciales de l'hiver, avez-vous regardé maintes fois les sentiers des étoiles, sans vous dire que ces diamants-là étaient autres choses que des lumières destinées à éclairer votre terre.

Si vous avez alors senti tressaillir votre être, c'est que les beautés sidérales l'emplissaient d'un mystérieux sentiment d'admiration.

Oh ! tout cela est bien l'œuvre de quelqu'un, n'est-ce pas ? De quelqu'un si grand qu'il vous importe peu de le connaître, peut-être ? Pourtant, le voyageur emporté par les chevaux ou la locomotive prend soin d'examiner chaque pays qu'il traverse ; il interroge son guide, ses plans, son Indicateur, et se rend compte des moindres détails. Un site, un château, un village attirent son attention, et il les note soigneusement dans son souvenir.

Et nous, voyageurs terrestres, attachés à ce globe par des lois inéluctables, n'aurions-nous pas la moindre curiosité, le moindre désir de connaître les merveilles des paysages sidéraux ?

Aux époques reculées, il eût été admissible de regarder ainsi le ciel ; mais à celle où nous sommes arrivés, il n'est plus permis, même aux femmes, même aux enfants d'ignorer les lois de l'Univers.

En 1430, on croyait encore que la terre était plate, soutenue au centre par un appui inconnu. Peut-être en est-il encore ainsi pour beaucoup d'entre nous.

Ptolémée, astronome du IIe siècle, qui vivait à Alexandrie environ 175 ans après Jésus-Christ, avait coordonné les travaux de quelques-uns de ses devanciers, et avait établi ainsi son système : la terre est immobile au centre de l'espace, et le soleil, la lune et les planètes décrivent leurs orbes autour d'elle. C'est ce système qui suggéra à l'église l'idée de placer le ciel dans l'espace éthéré, au-dessus de la terre, et l'enfer, dans son centre ou noyau incandescent.

En 1473, Nicolas Copernic, né en Prusse, ayant étudié et compilé tous les travaux des astronomes qui l'avaient précédé, se fit un système personnel de toutes les découvertes précédentes, et affirma le premier que, au contraire du système de Ptolémée, c'était la terre et les planètes qui tournaient autour du soleil. De plus, il décrivit le mouvement de rotation de la terre, mouvement qui produit le jour et la nuit. Craignant que ses œuvres, absolument contraires à l'enseignement de la Bible, ne vinssent à lui nuire devant la Tribunal du Saint-Office, il ne publia son livre que dans sa vieillesse et ne le reçut, des mains de l'éditeur, que peu de jours avant sa mort.

Galilée, né à Pise, en 1564, fut moins heureux. Il enseigna publiquement le système de Copernic, et fut, pour ce fait, condamné à la prison perpétuelle, après avoir rétracté à genoux se qu'on appela *ses erreurs*. Il avait alors 70 ans. L'histoire rapporte que, tandis qu'à genoux devant les juges de l'inquisition, il faisait acte de rétraction, il ne pouvait s'empêcher de murmurer tout bas : « Epur, si muove ! »— Et pourtant, elle se meut.

Dans le même temps, Jordano Bruno proclame la Pluralité des mondes, dans ses impérissables ouvrages savants et philosophiques. Il atteste l'infinité de l'Univers, en s'appuyant sur la puissance de la raison. D'après Bruno, le monde ne peut être ni borné, ni circonscrit, non seulement à notre propre planète, mais encore à l'immensité des soleils et des terres de l'espace. « Limiter le monde, pense Bruno, c'est limiter le Créateur, et Dieu est nécessairement infini dans toute sa puissance. » En effet, Dieu est infini en toutes ses perfections, ou plutôt, vaut-il mieux s'exprimer ainsi : « Dieu, c'est l'infinité de toutes les perfections. » Pouvez-vous admettre que l'infini ait des limites ? De là à admettre que ces mondes innombrables qui forment l'univers sont peuplés comme le nôtre de créatures intelligentes, il n'y a qu'un pas.

En effet, sept planètes tournent autour de notre soleil, dans des conditions analogues de vie et d'évolution ; pourquoi seule, la terre serait-elle peuplée, elle, une des plus petites planètes de notre système solaire ? Notre vie à nous, terrestres, serait donc un accident de la création, une chose en dehors de toute la loi universelle ? Et lorsqu'au lieu d'un seul soleil, il faut en admettre un nombre infini ; lorsque nous savons aujourd'hui que la plus petite des étoiles, aperçue dans le tourbillon des nébuleuses, est elle-même un soleil possédant un système planétaire ; lorsqu'on sait que si notre être pouvait parvenir à cette étoile entrevue, la plus petite et la plus lointaine, il découvrirait encore dans l'espace autant d'autres nébuleuses formées d'autres soleils, alors, admettre un instant que notre misérable petite terre est seule habitée, serait faire à Dieu une injure égale à son immensité.

Non, cet espace sans limite, tout peuplé de soleils et de planètes, cet espace est l'univers sans bornes. « Et Dieu, dit encore Bruno, est la « pensée animatrice de cet Infini. » Et encore : « Etudier l'ordre sublime des mondes et des êtres « qui se réunissent en chœur pour chanter la « grandeur de leur Maître, telle est l'occupation « la plus digne de nos intelligences. La convic- « tion qu'il existe un tel Maître, pour soutenir « un tel ordre, réjouit l'âme du sage, et lui fait « mépriser l'épouvantail des âmes vulgaires : la « mort. »

En effet, que devient la mort en face de l'univers ? ce n'est plus que le passage, pour l'âme immortelle, du sommeil au réveil, au réveil qui lui donnera de s'élancer dans l'espace pour jouir des inénarrables splendeurs de la création.

Jordano Bruno appartenait à l'Académie de Florence, fondée par les Médécis. Il fut un des grands martyrs de la vérité, car ses œuvres continuaient les idées des philosophes de l'antiquité et soutenaient le système de Copernic ; et pour ces œuvres, pour cette lumière répandue sur l'humanité, il fut condamné comme hérétique par les prélats composant le Saint-Office. On s'efforça de lui faire abjurer *ses erreurs ;* mais l'âme religieuse et contemplative de Jordano Bruno avait entrevu l'espace où gravitent les mondes dirigés par le Créateur, et Jordano

Bruno refusa de se rétracter. Il fut brûlé vif, ainsi que nous l'avons vu au chapitre *Christianisme et Catholicisme* (17 février 1600).

La Science a donc avancé, à ces époques de trouble, lentement, pas à pas, les pieds dans le sang, mais les yeux au ciel ; elle a avancé, malgré ses détracteurs et ses ennemis, malgré les pièges tendus sous ses pas, malgré les menaces suspendues sur sa tête. Que lui importaient ses membres déchirés, sa grandeur injuriée et calomniée : elle avait aperçu Dieu planant parmi les étoiles, et à tout prix, elle voulait le montrer aux hommes.

Il vint enfin un temps où les bûchers s'éteignirent, où la Science put, sans frémir, lever les yeux vers l'espace, pour y chercher les solutions de problèmes poursuivies avec tant d'ardeur et de courage.

Newton a sa place ici. Il naquit en 1642, dans le comté de Lincoln, et peut être mis au premier rang des physiciens et des mathématiciens. En 1672, il fit partie de la Société Royale de Londres. C'est lui qui conçut l'idée de la gravitation universelle et du système des mondes.

Le XIX° siècle vit naître Arago, dans un village des Pyrénées-Orientales. Elève de l'école polytechnique, il fit de brillantes études, et devint, plus tard, directeur de l'Observatoire. Il rendit de grands services à l'astronomie (1848). Il nous semble qu'il n'en rendit pas autant à la secte catholique, car ses découvertes ont porté un coup funeste à la Bible, par exemple, dans le passage où il est dit que le soleil fut arrêté par Josué, le faisant rétrograder de dix degrés dans le ciel.

Aujourd'hui, d'illustres savants étudient à l'Observatoire ; à l'aide de télescopes puissants, ils continuent les découvertes de leurs devanciers. Parmi eux, nous pouvons citer Camille Flammarion, dont les ouvrages ont vulgarisé la science de l'Astronomie, en permettant au plus humble d'entre nous de lire les mystères du ciel étoilé. C'est à lui surtout que nous allons emprunter les notions suivantes d'astronomie, afin de les mettre à la portée de toutes les intelligences.

Feuilletons son volume des *Merveilles célestes* ; et citons quelques passages de ce volume, car, ainsi que nous l'avons déclaré, au commencement de cet ouvrage, nous sommes obligé d'emprunter notre science aux savants :

« L'une des plus funestes illusions dont il soit
« urgent de nous débarrasser tout d'abord
« (*Merveilles célestes*, p. 13). C'est celle qui nous
« présente la Terre comme la moitié inférieure
« de l'Univers, et le ciel comme sa moitié supé-
« rieure. Il n'y a rien au monde de plus faux.
« Le ciel et la terre ne font pas deux créations
« séparées, comme on nous l'a répété mille et
« mille fois : ils ne sont qu'un. La terre est dans

« le ciel. Le ciel, c'est l'espace immense,
« l'étendue indéfinie, le vide sans bornes ; nulle
« frontière ne le circonscrit ; il n'a ni commen-
« cement, ni fin, ni haut, ni bas, ni gauche,
« ni droite, c'est l'Infini des espaces qui se suc-
« cèdent éternellement dans tous les sens. La
« Terre, c'est un petit globe de matière, placé,
« dans cet espace sans soutien d'aucune sorte,
« comme un boulet qui se tiendrait seul en l'air.
« La Terre est un astre du ciel, elle en fait partie,
« elle le peuple en compagnie d'un grand
« nombre de globes semblables à elle ; elle est
« isolée en lui, et tous ces autres globes planent
« de même isolément dans l'espace. Cette con-
« ception de l'univers est non seulement très
« importante, mais c'est encore une vérité qu'il
« est éminemment nécessaire de se fixer dans
« l'esprit. Autrement, les trois quarts des dé-
« couvertes resteraient incompréhensibles. »

Voici comment Flammarion décrit l'infini de l'univers.

Après avoir expliqué que les étoiles sont elles-mêmes des soleils, que l'éloignement seul rend aussi petits pour notre vue, il dit :

« Malgré ces intervalles prodigieux (les dis-
« tances qui séparent les soleils entre eux). Ces
« soleils sont en nombre si considérable, que leur
« énumération surpasse encore elle-même tous
« nos moyens ; les millions, joints aux millions,

« ne parviennent pas, non plus, à en dénombrer
« la multitude !... Que la pensée essaye, s'il lui
« est possible, de se représenter à la fois ce nom-
« bre considérable de systèmes et les distances
« qui les séparent les uns des autres ! Confondue
« et bientôt anéantie à l'aspect de cette richesse
« infinie, elle ne saura qu'admirer en silence
« cette incompréhensible merveille. S'élevant
« sans cesse par delà les cieux, franchissant
« les plages lointaines de cet Océan sans bornes,
« elle découvrira toujours un nouvel espace, et
« toujours de nouveaux mondes se révéleront à
« son avidité, les cieux succéderont aux Cieux,
« les sphères aux sphères, après les déserts de
« l'étendue s'ouvriront d'autres déserts, après
« des immensités, d'autres immensités... et lors
« même qu'emportée sans trêve, pendant des
« siècles, l'âme perpétuerait son essor au delà
« des bornes les plus inaccessibles que l'ima-
« gination puisse concevoir, là même, l'Infini
« d'une étendue encore inexplorée resterait ou-
« vert devant elle, l'infini de l'espace s'oppo-
« serait à l'infini du temps, rivalisant sans
« cesse, sans que jamais l'un puisse l'emporter
« sur l'autre... et l'esprit s'arrêtera, exténué de
« fatigues, au vestibule de la création infinie,
« comme s'il n'avait pas avancé d'un seul pas
« dans l'espace. »

L'âme s'arrête anéantie après cette course

dans l'Infini... Enfermée dans la chair, elle est bornée. L'Infini l'écrase.

Où donc placerez-vous le ciel catholique dans cet univers sans limites où les mondes succèdent aux mondes, les espaces aux espaces ? Où sera Dieu le Père ? Où sera Dieu le Fils ? Où planera l'Esprit saint ? Et cette multitude d'êtres, en quel lieu seront-ils accumulés, béatement immobiles ?

A la fin du XVIIIe siècle, Wiliam Herschell compte patiemment, à l'aide d'un puissant télescope, les étoiles qui composent la Nébuleuse qu'on appelle la Voie Lactée : il en compte dix-huit millions.

Dites-vous que chacune de ces étoiles est un soleil, que chacun de ces soleils est le centre d'un système planétaire semblable au nôtre, et vous aurez du monde une tout autre idée que celle que vous en ont donnée votre histoire sainte ou votre Catéchisme.

« Quelle étendue, dit Flammarion, occupent
« ces myriades d'étoiles qui se succèdent éter-
« nellement dans l'espace ? — Les anciens ne se
« formaient pas la plus légère idée de la dis-
« tance des corps célestes ainsi que de leur
« nature. Pour la plupart, c'étaient des émana-
« tions de la terre, s'étant élevées comme des
« feux follets au-dessus des endroits maréca-
« geux. »

(*Merveilles célestes*, p. 132).

« L'étoile la plus voisine de nous se trouve « dans la constellation du Centaure ; elle est « éloignée de nous de 211.300 fois la distance « d'ici au soleil, distance égale à 38,000.000 « de lieues. — Pour nous figurer le temps « qui serait nécessaire pour franchir cette dis- « tance, nous prendrons la vitesse de la lumière « qui voyage en raison de 77.000 lieues par se- « conde : Eh bien, pour traverser la distance qui « nous sépare de notre voisine du « Centaure » « ce courrier emploie 3 ans et 8 mois » (p. 133 « et 134).

« Il n'y a aucune étoile de première grandeur « dont la lumière nous parvienne en moins de « 3 ans. D'après cela, dit Arago, les lumières des « étoiles des différents ordres, aussi grandes en « réalité qu'Acturus, que Véga de la Lyce, etc. « arrivent à de telles distances de la terre que la « lumière ne saurait les parcourir :

« Pour les étoiles de deuxième grandeur en moins de . . . . 6 ans
« Pour les étoiles de quatrième grandeur en moins de . . . . 12 ans
« Pour les étoiles de sixième grandeur en moins de . . . . 36 ans
« Pour les dernières étoiles visibles avec le télescope de trois mètres . . . . 1012 ans
« Pour les dernières étoiles visibles avec le télescope de six mètres . . . . 2.700 ans

« Les rayons lumineux qui nous arrivent des

« étoiles nous racontent donc, s'il est permis de
« s'exprimer ainsi, l'histoire ancienne de ces
« astres » (p. 137-138).

Maintenant, prenons dans l'Infini notre système planétaire, et pour vous démontrer le peu d'importance de notre terre, examinons sa situation relative au milieu des systèmes.

« Notre soleil fait partie de la Voie Lactée. La
« terre en est éloignée de 38.000.000 de lieues.
« Mercure, la plus proche, réside à 15 millions
« de lieues du soleil ; Vénus, qui vient ensuite, à
« 27 millions ; Mars à 58 millions. Puis viennent
« les quatre grosses planètes du système : Jupi-
« ter à 200 millions de lieues ; Saturne à
« 464 millions ; Uranus à 733 millions et
« Neptune, la dernière, à 1 milliard, 147 mil-
« lions de lieues.

(*Merveilles célestes*, p. 175. (1)

Quant à la prodigieuse vitesse du mouvement des astres, voici ce qu'en dit Flammarion :

« Ces mouvements, dont la formule fut trouvée
« par Kepler, ont pour cause l'attraction ou la
« gravitation universelle, dont la loi fut trouvée
« par Newton. Tous les corps s'attirent dans la

---

(1) Depuis que le Livre *Merveilles célestes* a été écrit, nos télescopes, devenus bien supérieurs en puissance à ceux dont nos savants se servaient alors, ont permis une étude plus approfondie de l'Astronomie.

« nature ; le soleil attire la terre, la terre attire
« la lune, et dans l'infiniment du petit comme
« dans l'infiniment grand, on voit les molé-
« cules élémentaires s'attirer les unes les autres
« par la loi d'affinité, et constituer la matière
« visible, qui n'est qu'un assemblage d'atomes
« juxtaposés. C'est en vertu de cette force uni-
« verselle que les mondes lancés dans l'espace
« suivent une courbe autour du soleil ; de cette
« courbe rapidement parcourue résulterait une
« force contraire qui, semblable à celle dont
« la pierre est animée lorsqu'elle s'échappe
« de la fronde, rejetterait les planètes hors de
« leurs orbites si l'attraction du soleil ne les rete-
« nait captives. C'est l'attraction qui régit le
« monde. »

O soleils innombrables ! astres qui gravitez
les uns autour des autres, sans pouvoir rompre
l'harmonie de votre vertigineux voyage, quelle
main vous a lancés dans l'espace, quelle intelligence a mesuré vos distances et réglé vos
mouvements ? Et quel homme pourrait concevoir le plan divin ?

Et qui pourrait croire, qui oserait soutenir
que la Terre est le Centre et la raison d'être de
l'Univers entier ?

Quant aux conditions d'habitation sur ces
mondes divers, nous ne pouvons juger que de
celles de notre système solaire. Et nous pouvons
juger de celles-ci en raison de la distance du

soleil aux différentes planètes qui évoluent autour de lui... Ainsi, par exemple, Jupiter est de 14 à 1500 fois plus volumineux que notre terre ; il met douze fois plus de temps qu'elle à tourner autour du soleil ; par conséquent, son année est égale à douze des nôtres. Quant à notre existence, elle ne peut être contrôlée par lui de la même manière que nous contrôlons la sienne, car on pourrait à peine apercevoir notre petit monde de son monde lointain. De Saturne, d'Uranus et de Neptune, il serait impossible de nous apercevoir, étant donnés, toujours, notre petitesse et notre éloignement.

Comment soutenir que ces mondes magnifiques ne sont point habités? A quoi bon, alors, Dieu les eût-il créés dans des conditions spéciales de bonheur et de vitalité ?

Un écrivain anglais, James Wils, cité par Flammarion, a chanté Jupiter :

« Expliquez pourquoi cette planète roule sur
« son axe tournant, pourquoi elle penche alter-
« nativement ses pôles vers le soleil. Dites dans
« quel but cette vaste étendue fut préparée pour
« la vie, avec ses saisons qui suivent le cours
« de l'année, et la lumière de ses lunes, me-
« surée pour une nuit plus spacieuse ou pour la
« compensation d'un soleil moins brillant. A
« quoi bon ces variétés de nuits et de jours, si
« nul regard ne s'éveille pour saluer le jour

« naissant, si les saisons constantes n'apportent
« aucune jouissance, aucun fruit, aucune chose
« vivante, si celui qui gouverne ce bas monde,
« connu, obéi, adoré des Intelligences qui l'ha-
« bitent, n'était ni connu, ni obéi, ni adoré par
« aucun être, et ne régnait que sur une im-
« mense et stérile solitude !

« Le soleil qui illumine les vallons et les gais
« pâturages de notre terre, verse là, sur des
« champs plus vastes, les mêmes rayons
« joyeux. Notre aurore les éclaire, et la main
« qui a formé ce monde est la même qui a
« versé sur la terre les rayonnements de la vie
« souveraine. Pourrait-il se faire que tout cela
« soit stérile et mort, que mille royaumes enve-
« loppés d'un jour glorieux soient étendus pour
« briller de loin dans l'obscurité sur notre nuit, et
« dorer notre monde d'une lumière ineffective.
« Monde absorbant sans fruit les rayons so-
« laires, campagne dénudée, orbe triste et sté-
« rile qui ne donne ni verts pâturages, ni souffle
« vital ; vaste et silencieux domaine de la
« mort ! »

Et penser qu'il existe encore tant de gens qui regardent les étoiles sans réfléchir à toutes ces choses ! des gens qui, si on leur parle de la pluralité des mondes, vous regardent en paraissant douter de votre raison, ou supposent que nous voulons nous moquer d'eux ! Cela tient, sans nul doute, à leur instruction première, et surtout aux instructeurs religieux qui, en ouvrant la Bible, ferment volontairement le Livre sacré de la Nature aux yeux de leurs adeptes confiants.

Ne dites pas que Dieu est grand, que Dieu est infini, si vous voulez le renfermer dans les bornes de votre infime planète ; ne dites pas qu'il est bon, s'il a jeté l'humanité seulement sur un monde inférieur, et dont les conditions d'habitation tiennent cette humanité sujette à mille changements douloureux. Ne dites pas, surtout, que Dieu s'est fait homme pour le petit grain de sable dont nous sommes les atomes raisonneurs bien plus souvent que raisonnants.

Mais il est bien difficile à l'homme de secouer l'erreur dont il est enveloppé depuis son enfance ; le plus souvent, il se complaît dans cette erreur, et répond à ceux qui essaient de l'en tirer : « Laissez-moi ici. J'y suis bien, et ne désire point savoir d'autres choses que celles qu'on m'a enseignées dans mon enfance. »

Nous vous plaignons, vous qui préférez rester aveugles, plutôt que de contempler la belle lumière des cieux !

« Que notre planète soit faite pour être habi-
« tée, écrit l'illustre Flammarion, cela est d'une
« évidence incontestée, non-seulement parce
« que les êtres qui la peuplent sont là sous nos
« yeux, mais encore parce que la connexion
« qui existe entre ces êtres et les régions où ils

« vivent amène pour conclusion inévitable que
« l'idée d'habitation se lie immédiatement à
« l'idée d'habitabilité. Or, ce fait est un argu-
« ment rigoureux en notre faveur : sous peine
« de considérer la puissance créatrice comme
« illogique avec elle-même, comme inconsé-
« quente avec sa propre manière d'agir, il faut
« reconnaître que l'habitabilité des planètes
« réclame impérieusement leur habitation.
« Dans quel but auraient-elles donc reçu des
« années, des saisons, des mois, des jours, et
« pourquoi la vie n'éclorait-elle pas à la surface
« de ces mondes qui jouissent comme le nôtre
« des bienfaits de la Nature et qui reçoivent
« comme lui les rayons fécondants du même
« soleil ? Pourquoi ces neiges de Mars qui
« fondent à chaque printemps et descendent
« abreuver ses campagnes ? Pourquoi ces
« nuages de Jupiter qui répandent l'ombre et
« la fraîcheur dans ces plaines immenses ?
« Pourquoi cette atmosphère de Vénus qui
« baigne ses vallées et ses montagnes ? O
« mondes splendides qui vaguez loin de nous
« dans les cieux, serait-il possible que la froide
« stérilité fût à jamais l'immuable souveraine
« de vos campagnes désolées ? Serait-il pos-
« sible que cette magnificence, qui semble être
« votre apanage, fût donnée à des régions soli-
« taires et nues où les seuls rochers se regar-
« deraient éternellement dans un morne si-

« lence ? spectacle affreux dans son immense
« immutabilité et plus incompréhensible que
« si la mort en furie, venant à passer sur la
« terre, fauchait d'un seul coup la population
« vivante qui rayonne à sa surface, envelop-
« pant ainsi dans une même ruine tous les en-
« fants de la vie, et laissant la mer rouler dans
« l'espace comme un cadavre dans une tombe
« éternelle. »

« Dieu puissant ! que nous étions insensés de
« croire qu'il n'y avait rien au-delà de la terre,
« et que notre séjour avait seul le privilège de
« refléter ta grandeur et ta puissance ! »

(*Merveilles Célestes*, p. 377, 378 et 379).

Ames des humains, prosternez-vous donc avec amour, avec adoration devant ce Dieu dont la volonté régit l'univers, dont la main lance et soutient les soleils dans l'espace, et met en chacune de vous une intelligence capable de reconnaître sa toute-puissance, et de l'adorer, sinon de la comprendre.

Mais, dites-vous bien que ce Dieu est si grand, qu'Il ne doit pas, par sa grandeur même, condescendre à se renfermer dans une partie infime de cet univers dont il est l'âme.

Dites-vous bien que soutenir une pareille thèse, c'est blasphémer le Seigneur, méconnaître son essence divine, attenter au respect que vous devez à son nom.

Celui qui nie l'existence de ce Dieu nous

semble moins le méconnaître et le blasphémer que celui qui prétend le faire venir à sa volonté... L'un et l'autre raisonnent en insensés ; mais le premier est égaré par les sophismes ; au fond de son être, il se courbe devant la Puissance cachée, tandis que le second lève audacieusement la tête devant cette Puissance et la prétend dominer.

Non, « nul n'est comme Dieu », et nul n'est Dieu. Nous sommes cependant des étincelles émanées de son Etre éternel ; notre conscience, c'est Lui en nous, et si vous voulez connaître dans quelle proportion nous pouvons nous comparer à Lui, regardez au microscope le plus impalpable des millions d'atomes qui peuplent une goutte d'eau, puis levez la tête et contemplez l'infinie de la Création, dont vous n'apercevez dans les cieux étoilés qu'un faible rayonnement. L'atome invisible, l'univers infini : c'est vous, et c'est Lui !...

II

SPIRITISME

Vous venez de voir avec nous, chers Lecteurs, comment Dieu gouverne l'Univers et soutient les mondes dans l'espace.

Voyons maintenant ce que Dieu fait pour les âmes.

Pouvez-vous penser qu'ayant jeté un être faible et désarmé sur un monde, Il abandonne cet être à son propre sort, le livre sans secours à toutes les tentations de la chair, à tous les égarements de l'esprit, et le condamne ensuite à une punition éternelle, pour une seule faute non pardonnée par le prêtre, à son dernier moment ?

Autre question : Voici un homme que Dieu a fait riche ; tous les plaisirs, tous les honneurs sont à lui ; en voici un autre pauvre et misérable, cherchant le pain qu'il mange et celui de sa famille dans un travail obstiné : me direz-vous qu'ils ont le même mérite à ne pas faillir, et que la même justice règle leurs destinées?

Vous êtes-vous parfois demandé où se trouve cette Justice suprême, si tout finit pour nous avec le dernier mot de cette terre, ou si tout doit aboutir à une éternité de douleurs, infligée par le Créateur pour une faiblesse de sa créature?

Ni votre positivisme, ni vos religions ne vous donneront la clef de ces mystères; ou, s'ils ébauchent quelques explications, votre esprit n'en sera pas satisfait; il restera toujours devant vous une question à formuler encore, un doute à éclaircir; et vous ne tarderez pas à rejeter ce positivisme et ces religions que l'on peut si facilement saper par la base, parce qu'ils n'ont en eux rien d'absolu, rien de fondé sur la raison.

Dieu est seul l'infiniment raisonnable, qui n'a rien créé pour détruire; en Lui seul se trouvent la réponse à tous les pourquoi de l'humanité, et la lumière qui chasse tous les doutes.

Avec Lui, il n'y a plus de problèmes insolubles ou de solutions absurdes. Il est la Vérité, parce qu'Il est le seul qui ne se mente jamais à Lui-même, et parce qu'Il a établi toutes choses sur des bases rationnelles, et, par cela même, inébranlables.

Laissez donc de côté les négations des matérialistes qui mettent, dirait-on, leur bonheur à se rabaisser eux-mêmes; laissez aussi la foi aveugle du sectaire qui vous ordonne de croire sans examen à des dogmes dont il a forgé lui-même l'édifice enfantin. Le matérialiste et le sectaire sont des hommes tous les deux, pauvres atomes sujets à l'erreur, et qui prétendent imposer des lois au maître des mondes et des espaces. Le Créateur est le seul dont il faille reconnaître les lois, et comme Il est la Cause des Causes, l'Ordre infini qui régit la création, il ne peut rien vouloir que de naturel et de possible ; sans quoi l'ordre de la Création en serait troublé, manqué, et l'Etre immuable se déjugerait lui-même.

Qu'est-ce que l'homme ? Le composé d'une essence divine et d'un peu de matière enveloppant, voilant, emprisonnant cette essence ? Que sont les soleils, sinon les centres d'habitation des humanités, les lumières qui les éclairent, les foyers qui les réchauffent ? Qu'est-ce que Dieu, sinon l'âme de l'Univers, l'âme des humanités et des soleils, la Cause efficiente de tout ce qui existe : esprit et matière ? Cette âme infinie est la Beauté, la Justice, la Sagesse, la Bonté mêmes ; dire qu'elle est belle, qu'elle est juste, qu'elle est sage, qu'elle est bonne, ne serait pas assez dire, car son infinité ne serait pas démontrée par des qualificatifs. C'est donc ainsi que nous affirmerons que cette âme infinie ne peut rien concevoir, ni admettre qui ne soit beau, juste, sage et bon. Or, si l'âme humaine est abandonnée pour un temps à l'épreuve, avec un libre arbitre d'où elle doit tirer son propre avancement, c'est pour qu'elle suive la loi du progrès jusqu'à sa réintégration dans la Divinité, et qu'ayant progressé avec les forces dont elle dispose, elle soit heureuse et grande du bonheur et de la grandeur qu'elle aura acquis par ses propres efforts. L'épreuve élève, la douleur purifie ; par elles, l'âme peut s'élever jusqu'à la perfection et plus elle sera parfaite, plus elle sentira inaltérable sa sérénité. « *L'homme est l'exécution d'une loi* ; son existence est une succession de tâches. »

(Dr Paul Gibier.)

C'est donc pour la félicité que Dieu a créé l'homme et l'a soumis à l'épreuve de la vie. Mais la vie de l'être corporel n'est rien ; c'est la vie de l'âme ou être psychique qui est tout ; de l'être psychique, de l'âme, cette essence divine captive dans la matière. La vie corporelle n'est donc pas un but pour l'homme, c'est la vie de l'esprit qui doit seule attirer son attention et ses soins.

Qu'importe la cage où chante le rossignol ! C'est l'harmonieux oiseau qui seul nous intéresse ; la cage est l'objet matériel qui le rend captif et le retient à vos côtés. Il en est ainsi de nous vis-à-vis de Dieu : la chair est la cage enfermant notre esprit, et c'est par notre

Esprit seulement que nous sommes ses fils.

Donc, il faut apprendre à voir et à soigner en nous l'être surnaturel et divin, l'âme, qui doit seule remonter à sa Cause première.

Et maintenant, en quel lieu pensez-vous que s'en va vivre l'âme, lorsqu'elle se sépare de son corps, rendant celui-ci à la terre d'où il est sorti ?

« Dans le Ciel, nous disent les sectaires, ou dans l'Enfer. »

— Mais où placez-vous ce Ciel et cet Enfer ?

— Le Ciel est là-haut, en quelque point de l'espace, en quelque point lointain et inconnu ; quant à l'Enfer, répondent les théologiens, il est au centre même de la terre, dans le noyau incandescent que notre monde emporte avec lui, en gravitant autour du soleil.

— Cette démonstration est bonne pour les peuples enfants, dont l'intelligence n'a pas encore épanoui sa fleur. Les anciens soutenaient que la terre était plate, sous le dôme arrondi du ciel, et que les étoiles dont le firmament est parsemé étaient les lampadaires placés là par la Providence pour éclairer nos chemins. Mais ces temps, où l'on pensait ainsi, sont loin de nous ; la science a élevé son puissant flambeau. Toutes les profondeurs, tous les abîmes en sont illuminés ; et maintenant que nous connaissons les immensités de l'Univers, ainsi que les lois qui en régissent les mouvements, il ne nous est plus possible de songer à un coin de l'espace où l'agglomération des élus entoure béatement le trône où s'assied l'Eternel. Il ne nous est pas plus possible de considérer le noyau de notre planète comme la prison des damnés livrés à des supplices sans fin. La vue s'est étendue ; la perspective s'est agrandie ; on a aperçu assez de l'espace pour y sentir la vie passer et vibrer parmi les astres innombrables portant les humanités... et après l'astronome qui nous apprend les mondes, le penseur s'est dit : pourquoi, parmi tant d'astres innombrables, l'atome de notre petit monde infime aurait-il la sotte et vaine prétention de continuer à soutenir que ce petit monde est seul habité, tandis que les sphères immenses graviteraient, solitaires et vides, dans le même espace que lui? En vérité, que fait-on de la puissance créatrice, en la bornant à notre terre? Toutes les sphères sont habitées.

D'un autre côté, il a été question, il y a un instant, de l'Enfer, pour le placer au centre de la terre. Mais, ô théologiens catholiques, que faites-vous ici de la bonté de Dieu ? — Pensez-vous qu'il soit bon de donner, pour une faute, soi-disant mortelle, un châtiment de feu éternel? Pensez-vous qu'il soit bon d'envoyer aux Limbes, c'est-à-dire dans un endroit privé de Dieu, les innocents nouveau-nés qu'un accident a pris à la vie avant qu'ils aient pu recevoir l'eau du Baptême?... Cependant, vous dites que Dieu est infiniment bon. Si cette bonté n'est pas infinie, Dieu n'est pas Dieu, l'infinité des perfections constituant l'Etre suprême. Or, si vous le rapetissez au niveau d'un de vos vindicatifs souverains, disposant à leur gré de la mort et de la vie, vous vous trompez, car vous détruisez en lui le Principe de bonté qui est essentiellement sa nature divine. Puis, le fini, l'être borné ne saurait offenser l'être Infini. Donc, pas de faute que le Créateur doive punir *éternellement.*

Marchons vers ce Créateur qui est le but suprême en même temps que la Cause éternelle ; mais n'aspirons pas à un ciel caché en quelque point de l'espace où parviendraient seuls quelques élus ; ne redoutons pas non plus un enfer enfermant l'âme dans une prison de feu.

L'âme désincarnée s'élance dans l'espace ; si elle est pure, elle sent son enveloppe fluidique, ce *corps subtil* dont parle saint Paul, plus léger, plus éthéré, et elle porte en elle un bonheur inexprimable. Elle contemple les splendeurs de l'univers, et, sans voir encore le Maître éternel, elle se sent plongée en Lui, dans une extase délicieuse. Alors, se tournant vers le séjour de misères qu'elle vient de quitter, elle a le désir et la volonté de soulager ses frères malheureux ; et Dieu qui, en la désincarnant, a brisé ses entraves, lui permet alors de remplir auprès d'eux une mission de charité. Elle va et vient, subtile comme la pensée, se penchant sur toutes les douleurs, souriant à ceux qui pleurent, encourageant les faibles, relevant les désespérés. Sa charité augmente son bonheur, et elle se retrempe dans les délices de l'adoration divine. Pas de bornes, pas de limites à son active mission ; l'univers est sa patrie ; elle pose ses ailes sur tous les mondes et plane dans tous les espaces : voilà le ciel !

Au contraire, l'âme désincarnée qui se voit couverte de taches, alourdie par les défaillances ou les attaches à la chair, se juge elle-même, et se rend compte qu'elle ne peut s'élever dans le sein de Dieu. Ses propres chutes lui font horreur, elle se voit basse et indigne de faire société avec les âmes pures... D'elle-même, se repliant dans la solitude, elle commence l'expiation par la souffrance morale et le désir de se réintégrer dans la lumière et la liberté. Et Dieu, la Justice suprême, donnera à cette âme les moyens nécessaires pour remonter à Lui par ses propres mérites.

Le dogme des Indulgences est inapplicable ici, nul ne pouvant mériter ou expier par les mérites ou les expiations des autres.

Quant au Purgatoire, il est sur les mondes d'épreuves dont les humanités gémissent sous le poids des passions, des chutes, des douleurs inséparables de leur condition d'expiation et d'épurement.

Nous avons dit que les âmes heureuses peuvent venir près de leurs amis encore dans la chair, pour les soutenir, les intuitionner, les pousser au bien. Les âmes souffrantes peuvent aussi se communiquer : de là les nombreux faits attestant des visions, des pressentiments, des communications avec le monde invisible qui nous entoure. Depuis que des hommes habitent la terre, des Esprits se sont manifestés.

Citons, dans les siècles les plus reculés, les évocations des morts chez les Védas, premier peuple connu qui habitait les Indes. De tous temps les fakirs indous ont existé ; ils obtiennent, en évoquant les Esprits, des phénomènes remarquables. En Chine, on fait des expériences ayant pour but la communication avec l'Invisible.

Les Hébreux évoquaient aussi les morts ; on en trouve la preuve dans la défense formelle que Moïse leur fait dans ces termes : « que parmi vous, personne n'interroge les morts, pour savoir la vérité » (Deutéronome).

M. Gabriel Delanne, dans son livre « Le Phénomène Spirite », cite ce passage du *Talmud*, ou recueil de Traditions Rabbiniques : « Qui-
« conque a été instruit de ce secret (l'évocation
« des morts), et le garde avec vigilance dans
« un cœur pur, peut compter sur l'amour de

« Dieu et la faveur des hommes ; son nom ins-
« pire le respect, sa science ne craint pas
« l'oubli, et il se trouve héritier de deux
« mondes : celui où nous vivons maintenant et
« le monde à venir. »

Les sibylles (dont le nom veut dire prophétesses) étaient des femmes auxquelles les Grecs et les Romains attribuaient la connaissance de l'avenir et l'inspiration divine, et dont on recueillait les oracles. Les pythonisses étaient aussi des prophétesses. On connaît le récit du fait de la pythonisse d'Endor qui, la veille de la bataille de Gelboë, invoque pour Saül l'ombre de Samuel. Les sibylles et les pythonisses passaient pour communiquer avec les âmes des défunts.

Nos ancêtres les Celtes avaient les druidesses ou prêtresses habitant l'île de Sein, qui pratiquaient l'évocation des morts et rendaient aussi des oracles.

La venue du Christ n'a pas interrompu les communications d'outre-tombe. Les premiers chrétiens pratiquaient aussi l'évocation et consultaient les morts. L'apôtre saint Jean leur donne, dans une de ses épîtres, le conseil de bien reconnaître si l'Esprit qui parle est bon :
« Mes biens-aimés, ne croyez pas à tout Esprit mais éprouvez si les Esprits sont de Dieu »
(I Épître IV, n. 1).

Citons encore cette page de G. Delanne :

« Si nous en croyons Tertullien, écrit-il, le
« spiritisme s'exerçait chez les Anciens par les
« mêmes moyens qu'aujourd'hui. S'il est donné,
« dit Tertullien, dans son Apologétique, « s'il est
« donné à des magiciens de faire apparaître
« des fantômes, d'évoquer les âmes des morts,
« de pouvoir forcer la bouche des enfants à
« rendre des oracles, si ces charlatans contre-
« font un grand nombre de miracles, s'ils en-
« voient des songes, s'ils ont à leurs ordres des
« Esprits messagers par la vertu desquels *les*
« *tables qui prophétisent sont un fait vulgaire*,
« avec quel redoublement de zèle ces esprits
« puissants ne s'efforcent-ils pas de faire pour
« leur propre compte ce qu'ils font pour le
« compte d'autrui ». — A l'appui des affirma-
« tions de Tertullien, on peut citer un passage
« d'Ammien Marcellin, au sujet de Fabricius
« et d'Hilarius, traduits devant un tribunal ro-
« main pour crime de magie, qui se défendirent
« en racontant qu'ils avaient fabriqué une petite
« table (mensulam) sur laquelle ils avaient
« placé un bassin circulaire, fait de plusieurs
« métaux, et contenant un alphabet gravé sur
« les bords. Alors, un homme vêtu de lin, après
« avoir récité une formule et fait une évocation
« au dieu de la divination, tenait suspendu, au-
« dessus du bassin, un fil de lin très fin et
« consacré par des moyens mystérieux. Que
« l'anneau, sautant successivement, mais sans

« confusion, sur plusieurs des lettres gravées,
« et s'arrêtant sur chacune, formait des vers
« parfaitement réguliers, qui étaient les ré-
« ponses aux questions posées. Hilarius ajoute :
« Un jour, il avait demandé qui succéderait à
« l'empereur actuel, et l'anneau ayant sauté,
« donna les syllabes *Théo*. Ils n'en demandèrent
« pas davantage, persuadés que ce serait Théo-
« dore. — « Mais les faits, dit Ammien Mar-
« cellin, démentirent plus tard les magiciens,
« mais non la prédiction, car ce fut « Théodose ».

Les preuves des communications avec les Esprits existent donc depuis le commencement du monde. Seule, la redoutable et sanglante Inquisition a paru en dénouer la chaîne pendant les siècles qu'elle a duré. Le prêtre romain avait, sans nul doute, de bien puissants motifs de faire taire la voix des Esprits car pour arriver à ses fins, il a fermé la bouche des inspirés dans la torture.

Nous avons parlé des pythonisses et des sibylles des temps anciens; arrivons maintenant à l'ère du Christ, et voyons si le Christ lui-même ne communiquait pas avec l'invisible. Dans mainte occasion, il prie, il attend un secours supérieur, et, dit l'Evangile : « les Anges, — c'est-à-dire, les Esprits supérieurs, — venaient s'entretenir avec lui ». Au jardin des Oliviers, quand, terrassé par l'appréhension d'une agonie terrible, il crie vers son Père, pour en implorer l'assistance, n'est-il pas encouragé par la présence de ces mêmes Esprits supérieurs, qui lui représentent sa mort comme inévitable pour l'instruction des peuples à venir ?

Enfin, lui-même, après sa mort, apparaît à Madeleine, à ses disciples, et leur donne des preuves de son identité corporelle, bien que ce même corps, avec lequel il apparaît, passe impondérable et fluidique à travers les portes fermées.

Dans les premiers siècles du Christianisme, les premiers chrétiens, nous l'avons dit, invoquaient les Esprits des morts dans leurs Assemblées, et en recevaient des instructions utiles pour leur conduite et pour leur doctrine.

Tant de voix inspirées s'élèvent au sein de l'Eglise que les Conciles défendent d'évoquer les morts. Malgré cela, les êtres désignés pour accomplir quelque mission providentielle continuent à correspondre avec l'invisible : témoin, Jeanne d'Arc, l'héroïque voyante.

Mais enfin, les siècles terribles passèrent, et la pensée humaine, délivrée de ses entraves, retrouva son essor vers l'Au-delà. Les tortures furent abolies par des hommes humanitaires et l'on défendit à l'Eglise de brûler ceux qui ne pensaient pas comme Elle. Dès lors, elle se contenta de brûler les livres. Les Esprits se manifestèrent de nouveau, et en 1847, en Amérique, eut lieu le retour de l'Invisible tangible et palpable à nos côtés.

Vous vous demandez, n'est-ce pas, comment une âme dégagée de la chair, une âme que vous vous représentez comme un être immatériel, peut vous apparaître et se manifester? Tout d'abord, il faut connaître la nature de l'âme qui, immatérielle en son principe, est unie à un double fluidique appelé *périsprit* par les spirites et désigné par saint Paul sous le nom de corps subtil ou éthéré. Le corps de chair est formé sur le canevas de ce double fluidique, et c'est à l'aide de celui-ci que l'âme peut se manifester, devenir tangible ou visible. Si vous nous demandez comment nous savons cela, je vous répondrai que les Esprits nous l'ont appris, ainsi que vous le verrez, dans la suite de cet ouvrage, et que la science elle-même, la vraie science qui ne craint ni l'étude, ni le ridicule, s'est inclinée devant leurs manifestations.

*
* *

Les manifestations des Esprits recommencèrent en 1847, dans un petit village de l'Etat de New-York.

Tous les écrivains spirites en ont relaté les détails. Cependant, je les reproduirai ici, pour ceux de mes lecteurs qui ne connaîtraient pas les ouvrages spirites.

J'emprunte les détails suivants au livre de Gabriel Delanne : *Le Phénomène Spirite*.

« En 1849, la maison d'un nommé John Fox,
« demeurant à Hydesville, petit village de l'Etat
« de New-York, fut troublée par des manifesta-
« tions étranges ; des bruits inexplicables se
« faisaient entendre avec une telle intensité,
« que, rapidement, le repos de la famille en fut
« troublé.

« Malgré les plus minutieuses recherches,
« on ne put trouver l'auteur de ce tapage inso-
« lite, mais bientôt on remarqua que la cause
« productrice semblait être intelligente. La
« plus jeune des filles de M. Fox, nommée
« Kate, familiarisée avec l'invisible frappeur,
« dit : « Fais comme moi », et elle frappa de
« sa petite main un certain nombre de coups
« que l'agent mystérieux répéta. Mme Fox lui
« dit : compte dix. L'agent frappa dix fois.
« Quel âge ont nos enfants ? La réponse fut
« correcte. A cette question : Etes-vous un
« homme, vous qui frappez ? — Aucune réponse
« ne vint ; mais à celle-ci : Etes-vous un Esprit ?
« — il fut répondu par des coups nets et ra-
« pides.

« Les voisins appelés furent témoins de ces
« phénomènes. Tous les moyens de surveillance
« furent prodigués pour découvrir l'invisible
« frappeur ; mais l'enquête de la famille et celle
« de tout le voisinage fut inutile. On ne put

« découvrir de cause naturelle à ces singulières
« manifestations.

« Les expériences suivirent, nombreuses et
« précises. Les envieux, attirés par ces phéno-
« mènes nouveaux, ne se contentèrent plus de
« demandes et de réponses. L'un d'eux, nommé
« Isaac Past, eut l'idée de réciter à haute voix
« les lettres de l'Alphabet, en priant l'Esprit
« de vouloir bien frapper un coup sur celles qui
« composaient les mots qu'il voulait faire com-
« prendre. De ce jour, la télégraphie spirituelle
« fut trouvée : ce procédé est celui que nous
« verrons appliquer aux Tables tournantes.

« Voilà donc, dans toute sa simplicité, le phé-
« nomène qui devait révolutionner le monde
« entier. Nié par les savants officiels, raillé par
« la presse des deux mondes, mis à l'index par
« les religions craintives et jalouses, suspect à
« la justice, exploité par des charlatans sans
« vergogne, le spiritisme devait cependant faire
« son chemin et conquérir des adhérents, dont le
« chiffre s'élève à plusieurs millions, car il pos-
« sède cette force plus puissante que tout au
« monde : la Vérité.

« Les visiteurs remarquèrent que les phéno-
« mènes ne se produisaient qu'en présence des
« demoiselles Fox ; on leur attribua un certain
« pouvoir qui fut appelé *médiumnité*.

« L'Esprit qui se manifestait aux demoiselles
« Fox déclara se nommer Joseph Ryan et avoir

« été colporteur pendant sa vie terrestre. Il
« engagea les jeunes filles à donner des séances
« publiques dans lesquelles il convaincrait les
« incrédules de son existence. La famille Fox
« alla se fixer à Rochester, et, suivant les con-
« seils de leur ami de l'espace, ces jeunes mis-
« sionnaires n'hésitèrent pas à braver le fana-
« tisme protestant en proposant de se soumettre
« au plus rigoureux contrôle.

« Accusées d'imposture, et sommées par les
« ministres de leur Confession de renoncer à
« ces pratiques, M. et Mme Fox, se faisant un
« devoir suprême de propager la connaissance
« de ces phénomènes qu'ils considéraient
« comme une grande et importante vérité, utile
« pour tous, refusèrent de se soumettre et furent
« chassés de leur église. Les adeptes qui se
« réunissaient autour d'eux furent frappés de la
« même réprobation.

« On sait que l'esprit clérical est le même,
« quelle que soit la latitude sous laquelle il
« règne ; intolérance et fanatisme : telle est sa
« devise ; et si le bras séculier n'est plus en son
« pouvoir, il lui reste encore mille moyens de
« poursuivre ceux qui ne veulent pas s'incliner
« sous son joug.

« Les conservateurs fanatiques de la *foi des*
« *aïeux* ameutèrent contre la famille Fox le po-
« pulaire. Les apôtres de la foi nouvelle essayè-
« rent alors de faire la preuve publique de la

« réalité des manifestations devant la population
« réunie à Corynthiak-Hall, la plus grande salle
« de la ville. On commença par une conférence
« où furent exposés les progrès du Phénomène
« depuis les premiers jours. Cette communica-
« tion, accueillie par des huées, aboutit pourtant
« à la nomination d'une commission chargée
« d'examiner les faits ; contre l'attente générale
« et contre sa conviction propre, la commission
« fut forcée d'avouer qu'après l'examen le plus
« minutieux, elle n'avait pu découvrir aucune
« trace de fraude.

« On nomma une seconde commission qui
« eut recours à des procédés d'investigation
« encore plus rigoureux ; on fit fouiller et même
« déshabiller les médiums — par des dames, bien
« entendu ; — toujours on entendit des *rappings*
« (coups frappés dans la table), des meubles en
« mouvements, des réponses à toutes les ques-
« tions mêmes mentales ; pas de ventriloquie,
« pas de subterfuges, pas de doute possible.
« Second rapport plus favorable encore que le
« premier, sur la parfaite bonne foi des spirites
« et la réalité de l'incroyable phénomène. Il
« est impossible, dit Mme Hardinge (Emma Har-
« dinge, *History of Americain spiritualisme*) de
« décrire l'indignation qui se manifesta à cette
« seconde déception.

« Une troisième commission fut immédiate-
« ment choisie parmi les plus incrédules et les

« plus railleurs. Le résultat de ces investiga-
« tions, encore plus outrageantes que les deux
« autres pour les pauvres jeunes filles, tourna
« plus que jamais à la confusion de leurs détrac-
« teurs.

« Le bruit de l'insuccès de ce suprême examen
« avait transpiré par la ville. La foule exaspérée,
« convaincue de la trahison des commissaires
« et de leur connivence avec les imposteurs,
« avait déclaré que, si le rapport était favorable,
« elle lyncherait les médiums et leurs *avocats*.
« Les jeunes filles, malgré leur terreur, es-
« cortées de leur famille et de quelques amis, ne
« se présentèrent pas moins à la réunion, et
« prirent place sur l'estrade de la grande salle,
« tous décidés à périr, s'il le fallait, martyrs
« d'une impopulaire mais indiscutable vé-
« rité.

« La lecture du rapport fut faite par le membre
« de la commission qui avait juré de découvrir
« *le truc* ; mais il dut avouer que la cause des
« coups frappés lui était inconnue. Aussitôt eut
« lieu un tumulte effroyable ; la population vou-
« lait lyncher les jeunes filles, et elles l'eussent
« été, sans l'intervention d'un Quaker, nommé
« Georges Willets, qui leur fit un rempart de
« son corps, et ramena la foule à des sentiments
« plus humains.

« On voit, par ce récit, que le spiritisme fut
« étudié sévèrement dès son début. Ce ne sont

« pas seulement des voisins plus ou moins
« ignorants, qui constatent un fait inexplicable ;
« ce sont des commissions régulièrement nom-
« mées qui, après enquête minutieuse, sont
« obligées de reconnaître l'authenticité absolue
« du phénomène.

« Peu d'années après, en 1859, on comptait
« déjà plusieurs milliers de spirites aux Etats-
« Unis. »

Voilà donc le premier témoignage des esprits
revenus se manifester à l'humanité, après un
long espace de temps rempli par les persécutions des sectaires.

A partir de ce moment, nous voyons des savants examiner le problème des manifestations, essayer d'en découvrir la fausseté, finir par reconnaître la révélation des Invisibles, et s'incliner devant eux.

Dans ce défilé des savants reconnaissant la vérité du phénomène, nous voyons passer successivement : le Juge Edmonds, Chief-Justice de la Cour suprême de New-York, et président du Sénat ; le professeur de chimie Mapes, de l'Académie Nationale : un peu plus tard, Robert Hare, professeur à l'Université de Pensylvanie qui prit parti pour les spirites, Robert Dale Owen, écrivain célèbre qui se fit le défenseur de la cause.

A notre époque, on compte aux Etats-Unis *vingt millions* de spirites.

Nous donnerons, dans la troisième partie de cet ouvrage, une liste des plus grands noms qui, dans tous les pays, sont acquis à la Cause du Spiritisme ; des noms de savants qui ont adhéré à cette cause, après de nombreuses années d'études et de patientes recherches dans les expériences.

Pour terminer ce chapitre, nous emprunterons au livre de Léon Denis : *Après la Mort*, quelques passages sur la nature du périsprit, ou double fluidique de l'âme, d'après les découvertes scientifiques :

« Ainsi que nous l'avons dit précédemment,
« l'âme, pendant la vie corporelle comme après
« la mort, est constamment revêtue d'une enve-
« loppe fluidique, plus ou moins subtile ou
« éthérée, qu'Allan Kardec a nommée *Périsprit*,
« ou corps spirituel. Le périsprit sert de média-
« teur entre le corps et l'âme ; il transmet à
« celle-ci les impressions des sens et commu-
« nique au corps les volontés de l'Esprit. Au
« moment de la mort, il se détache de la matière
« tangible, abandonne le corps aux décomposi-
« tions de la tombe, mais, inséparable de l'âme,
« il demeure la forme extérieure de sa person-
« nalité.

« Le périsprit est donc un organisme flui-
« dique ; c'est la force préexistante et survivante
« de l'être humain ; le plan d'ensemble sur lequel
« se modèle l'enveloppe charnelle, comme un

« double vêtement invisible, formée d'une ma-
« tière quintessenciée, qui pénètre tous les corps,
« quelqu'impénétrables qu'ils nous paraissent.

« C'est par les courants magnétiques que le
« périsprit communique avec l'âme. C'est par
« les fluides nerveux qu'il est relié au corps.
« L'agonie nous représente la somme d'efforts
« réalisés par le périsprit pour se dégager de
ses liens charnels. »

Voici maintenant quelques mots sur la partie
consolante et morale du Spiritisme :

« Le Spiritisme, dit Léon Denis, est donc à la
« fois une philosophie morale et une science po-
« sitive. Il peut satisfaire tout ensemble le cœur
« et la raison. Il se manifeste dans le monde à
« l'heure précise où les conceptions religieuses
« du passé oscillent sur leurs bases, où l'huma-
« nité ayant perdu la foi naïve des anciens jours,
« rongée par le scepticisme, erre dans le vide,
« sans boussole, et cherche sa voie à tâtons,
« comme un aveugle. L'avènement du Spiritisme
« est, qu'on ne s'y trompe pas, un des plus
« grands événements de l'histoire du monde. »

On peut affirmer que le Spiritisme est le plus
grand bienfait dont la Providence de Dieu ait
doté notre terre ; car, par sa Doctrine élevée et
pure, il nous mène à une vie exempte de passions ou de vices, nous apprend la loi de fraternité et de solidarité entre tous les enfants

du même père qui est Dieu, et nous fait pratiquer cette loi divine.

Il nous détache de plus en plus des choses matérielles et, par ce fait, prépare notre passage dans l'Au-delà.

Dans son expérimentation, il nous rapproche de nos bien-aimés partis, nous met en communication directe avec eux, nous apprend leur sort et leurs missions dans l'espace, et nous permet de recevoir leurs conseils pour cette vie.

Il n'est plus possible de tomber en des fautes graves, quand on sait qu'ils veillent sur nos actions, et que leurs regards sont sur nous.

Le Spiritisme est la Communion de la terre et du ciel, le parfum d'immortalité qui embaume notre vie, le sourire divin qui illumine et réchauffe nos cœurs.

C'est l'amour de Dieu qui réunit toutes les âmes dans son sein. De même que l'Esprit très cher de l'un des nôtres parti pour l'Au-delà nous l'a dit à nous-mêmes :

« Terre et ciel sont reliés par le Spiritisme. »

III

LE SPIRITISME D'APRÈS L'EVANGILE ET LES PÈRES DE L'EGLISE

Il est des esprits religieux que la seule pensée d'une innovation, ou de ce qui leur semble tel, trouble jusque dans leurs plus intimes profondeurs. C'est spécialement pour ces natures timorées que nous écrivons ce chapitre.

Le clergé romain, en particulier, a eu l'art indéniable d'appliquer aux dogmes qu'il a établis la croyance sans examen, et d'élever comme un drapeau la fidélité à cette croyance. Il a su ainsi exalter l'âme de ses adeptes jusqu'à l'enthousiame passionné pour les objets de son culte, quels qu'ils soient, et tels qu'ils lui sont présentés ; le résultat de cette exaltation est une haine active et intolérante pour tout ce qui ne pense et ne prie pas avec eux.

Nous ne nous étendrons pas sur les ravages que peut causer cette haine : l'Inquisition en est une preuve assez sanglante, pour que nous n'ayions pas besoin de chercher ailleurs.

Nous nous attacherons seulement aux âmes timides qui, tout en voulant marcher dans la route du bien, redoutent qu'un changement quelconque les conduise dans la mauvaise voie, — à ces âmes qui, se renfermant dans leurs dogmes étroits, refusent tout examen en dehors de ces dogmes.

Nous avons entendu dire à quelques femmes élevées comme nous dans la religion catholique : « Pourquoi changer notre croyance ? Ne « nous sommes-nous pas contentées de celle « qui, jusqu'ici, a bercé nos premières an- « nées ? »

Et ces pauvres femmes refusent catégoriquement tout examen.

O mes Sœurs en humanité ! ne refusez pas de voir la lumière, de connaître la Vérité, en vous enfermant sans raison dans un culte puéril, si loin de la pensée de son fondateur !

Ne faites pas abstraction des meilleurs dons que Dieu vous a faits : l'intelligence et le cœur.

Refuser l'examen, c'est agir avec l'obstination d'un enfant qui, s'en tenant à ce qu'il connaît, à ce qu'il voit, à ce qui fait ses délices du moment, refuse de connaître, de regarder ce que son père lui montre de nouveau, pour son bonheur ou son instruction. C'est refuser « d'allumer sa lampe pour voir l'Epoux qui vient », comme dans la Parabole de l'Evangile ; c'est repousser l'invitation au festin sous un prétexte futile ; c'est, de même que dans le Cantique des Cantiques, « ne pas vouloir se lever pour aller ouvrir au Bien-Aimé, qui vient, couvert de rosée, le cœur plein d'amour, frapper à votre porte ».

Qui donc refusera d'échanger son vêtement usé pour un vêtement neuf ? Qui s'obstinera à marcher dans le chemin obscur quand la lumière inonde le chemin offert ? Qui fermera volontairement les yeux, pour ne pas apercevoir le ciel et les radieuses étoiles ?

Venez, *filles de Jérusalem*, voici le Bien-Aimé, voici le souffle de Dieu qui passe. Tout s'éclaire du rayon qui vient des hauteurs du ciel, rayon émané du Christ Lui-même.

*
* *

> « Le caractère essentiel de la révélation divine est celui de l'éternelle vérité. Toute révélation entachée d'erreurs ou sujette au changement ne peut émaner de Dieu. »
> ALLAN KARDEC
> (*La Genèse*, p. 7.)

« Le Spiritisme, dit Allan Kardec, nous ayant
« fait connaître le monde invisible qui nous
« entoure, et au milieu duquel nous vivions sans

« nous en douter, les lois qui le régissent, ses
« rapports avec le monde visible, la nature et
« l'état des êtres qui l'habitent, et, par suite, la
« destinée de l'homme après la mort, c'est une
« véritable révélation, dans l'acception scien-
« tifique de ce mot.

« Par sa nature, elle tient de la révélation
« divine et de la révélation scientifique.

« Comme moyen d'élaboration, le Spiritisme
« procède exactement de la même manière que
« les sciences positives, c'est-à-dire qu'il appli-
« que la méthode expérimentale. Le Spiritisme
« est une science d'observation et non un pro-
« duit de l'imagination.

« Le Spiritisme et la Science se complètent
« l'un par l'autre : la Science sans le Spiritisme
« se trouve dans l'impuissance d'expliquer cer-
« tains phénomènes par les seules lois de la
« matière ; le Spiritisme sans la Science, man-
« querait d'appui et de contrôle » (*Genèse*.)

. . . .

« Moïse, comme prophète, a révélé aux
« hommes la connaissance d'un Dieu unique,
« souverain maître et Créateur de toutes choses.
« Comme homme, il a été le régénérateur du
« peuple par lequel cette foi, en s'épurant, devait
« un jour se répandre sur la terre. Le Christ,
« prenant de l'ancienne loi ce qui est éternel
« et divin, et rejetant ce qui n'était que transi-
« toire, purement disciplinaire et de conception

« humaine, ajoute la révélation de la vie future
« dont Moïse n'avait point parlé, celles des
« peines et des récompenses qui attendent
« l'homme après la mort.

« La partie la plus importante de la révélation
« du Christ, en ce sens qu'elle est la source pre-
« mière, la pierre angulaire de la Doctrine, c'est
« le point de vue tout nouveau sous lequel il
« fait envisager la Divinité. Ce n'est plus le Dieu
« jaloux, vindicatif de Moïse, le Dieu cruel et
« impitoyable qui arrose la terre de sang humain,
« qui ordonne le massacre et l'extermination des
« peuples, sans excepter les femmes, les enfants,
« les vieillards ; qui châtie ceux qui épargnent
« les victimes ; ce n'est plus le Dieu injuste qui
« punit tout un peuple pour la faute de son chef,
« qui frappe les enfants pour la faute de leur
« père ; mais un Dieu clément, souverainement
« juste et bon, plein de mansuétude et de misé-
« ricorde, qui pardonne au pécheur repentant et
« rend à chacun selon ses œuvres.

« Toute la doctrine du Christ est fondée sur le
« caractère qu'il attribue à la Divinité : « Aimez,
« dit-il, Dieu par dessus toutes choses, et votre
« prochain comme vous-même ; c'est là toute la
« loi et les prophètes, il n'y en a point d'autre. »
« Sur cette croyance seule, il a pu asseoir le prin-
« cipe de l'égalité des hommes devant Dieu, de
« la fraternité universelle.

« Cependant le Christ ajoute : « Beaucoup des

« choses que je vous dis, vous ne pouvez en-
« core les comprendre, et j'en aurais beaucoup
« à vous dire que vous ne comprendriez pas ;
« c'est pourquoi je vous parle en paraboles ; mais
« plus tard, je vous enverrai le Consolateur, l'Es-
« prit de vérité, qui rétablira toutes choses et
« vous les expliquera toutes (Jean, ch. XIV :
« Matth., ch. XVII).

— « Quand cet Esprit de vérité sera venu, il
« vous enseignera toute vérité, car il ne parlera
« pas de lui-même, mais il dira tout ce qu'il
« aura entendu et vous annoncera les choses à
« venir » (Jean, XVI).

Qui donc est ce consolateur, cet esprit de vérité qui doit expliquer toutes choses ? L'Eglise
affirme que ce consolateur est le Saint-Esprit,
troisième personne de la Sainte Trinité, qui
s'est répandu en langues de feu sur les apôtres
assemblés au Cénacle, après la mort de Jésus.
Mais il y a à cela deux objections, dont la première est celle-ci : La doctrine du Christ nous
révèle un seul Dieu, créateur et père. La notion
de la Trinité, qui n'a nullement été enseignée
par Jésus, découle d'une légende hindoue qui
fait de Brahma le dieu suprême, et raconte l'incarnation de Vishnou, fils de Brahma, né dans
une fleur de lotus. Shiva est la troisième personne de cette Trinité. L'Eglise a trouvé bon de
s'approprier ce dogme de la religion hindoue :
faire de Jésus-Christ un dieu égal au Créateur

éternel, c'était établir son autorité dans la suite des temps, en l'appuyant sur Dieu même ; mais la légende de la Trinité est une figure ; et la divinité du Christ est une conception des hommes. Rejetée par trois conciles, elle est adoptée par le Concile de Nicée, en 325, où les évêques du IVe siècle proclament le Fils « consubstantiel à « son Père et Dieu comme lui », et condamnent à l'exil le Pape Libère et les évêques Ariens qui refusaient d'admettre la divinité du Christ. La seconde objection est celle-ci : le mot Saint ajouté au mot Esprit ne se trouve pas dans les textes primitifs, et il a même été ajouté longtemps après, dans les nombreux remaniements qui ont été faits de la Bible et des Evangiles (1).

Il peut donc être établi dès maintenant que Dieu est unique, absolu et indivisible, pensée que Jésus appuie de ces paroles : « Mon père est plus grand que moi ». — « Pourquoi m'appelez-vous bon ? Personne n'est bon, sinon Dieu seul » (Luc. XVIII, 19). « Vous cherchez à me tuer, moi qui suis un homme qui vous ai dit la vérité que j'ai apprise de Dieu ! (Jean, VIII). — « Que dit-on du Fils de l'homme ? »

(Matth. XVI, 13-14. Marc, VIII, 28).

L'avènement du Spiritisme, ou esprit consolateur prédit par Jésus, se lit clairement dans

(1) Entre autres, la Vulgate, ou Traduction latine des Evangiles par saint Jérôme, en 384.

cette prédiction rapportée dans les Actes des Apôtres : « Dans les derniers temps, dit le Sei-
« gneur, je répandrai de mon esprit sur toute
« chair ; vos fils et vos filles prophétiseront ; vos
« jeunes gens auront des visions et vos vieillards
« auront des songes » (*Actes*, ch. ii, v. 17, 18).

N'est-ce pas la médiumnité qui est ainsi annoncée ? Or, qu'est-ce que la médiumnité ? La médiumnité, ce sont les facultés données à un homme pour servir d'intermédiaire entre les désincarnés qui veulent se révéler, et les incarnés auxquels ils veulent se révéler. Nous passerons en revue, au chapitre de l'expérimentation, les différents genres de médiumnités.

Voici maintenant une des vérités les plus difficiles à admettre par ceux qui ne veulent pas réfléchir : c'est la doctrine des réincarnations successives jusqu'à ce que l'épreuve imposée à l'âme ait élevé celle-ci à la complète purification. Cette doctrine, cependant, est non-seulement celle des spirites, mais des spiritualistes et de tous les penseurs qui se sont posé le problème de la Destinée humaine ; parmi les membres du clergé même, elle a eu et aura toujours des partisans. Cherchons donc les preuves de cette doctrine dans les preuves de la succession des Incarnations.

Elles sont tout entières dans ce passage de l'Evangile : « Jésus, s'adressant à Nicodème, lui
« dit : *Personne ne peut entrer dans le royaume*

« *de Dieu s'il ne naît de nouveau*. Nicodème
« objecte : Comment un homme devenu vieux
« peut-il renaître? Jésus lui répondit : En vérité,
« en vérité, je vous le dis : Si un homme ne
« renaît de l'eau et de l'esprit, il ne peut entrer
« dans le Royaume de Dieu. Ce qui est né de la
« chair est chair, et ce qui est né de l'esprit est
« esprit. Ne vous étonnez pas de ce que je vous
« ai dit, qu'il faut que vous naissiez de nouveau.
« Nicodème objecte : Comment cela peut-il se
« faire ? — Quoi ! lui répond Jésus, vous êtes
« maître en Israël et vous ignorez ces choses ? »
(Jean, ch. III).

Or, ces mots : *renaître de l'eau et de l'esprit*, ont été interprétés dans le sens du Baptême chrétien, qui efface le péché par l'ablution ; mais pour leur interprétation véridique, il faut savoir ceci : c'est que, dans la Kabbale des Hébreux, l'Eau, c'est la matière première ou cosmique, le Symbole de la nature matérielle, de même que l'Esprit est celui de la nature intellectuelle. Ces mots signifient donc absolument : renaître avec son corps et son âme, et, dès le commencement, ils ont été compris ainsi.

« Cette interpellation, dit Allan Kardec, est
« d'ailleurs justifiée par ces autres paroles : Ce
« qui est né de la chair est chair, et ce qui est
« né de l'esprit est esprit. Jésus fait ici une dis-
« tinction positive entre l'esprit et le corps. Ce
« qui est né de la chair est chair, indique clai-

« rement que le corps seul procède du corps, et
« que l'esprit est indépendant du corps. »

Autres paroles à l'appui de la réincarnation :
« Jésus, s'adressant à la foule, parle en ces termes
« de saint Jean-Baptiste : « Qu'êtes-vous allés voir ?
« Un prophète ! Oui, je vous le déclare, et plus
« qu'un prophète. Et si vous voulez comprendre,
« il est Elie lui-même qui doit venir. Que celui
« qui a des oreilles pour entendre entende »
(Matth. xi).

Plus tard, après la mort de saint Jean, Jésus
dit encore :

« Elie devait venir et rétablir toutes choses. —
« Mais je vous le dis : Elie est déjà venu ; ils ne
« l'ont pas connu et ils lui ont fait ce qu'ils ont
« voulu. Alors ses disciples comprirent qu'il par-
« lait de Jean-Baptiste. »

(Matth. xvii).

Une autre preuve que l'on croyait en ce temps-
là aux réincarnations successives d'une âme,
c'est que les disciples répondent à Jésus, qui
leur demande ce qu'on dit du Fils de l'homme :
« Les uns disent : « c'est Jean-Baptiste » ; les
autres : « Elie » ; les autres : « Jérémie ou quelqu'un des prophètes » (Matth. xvi, Marc, viii).
Et Jésus ne détruit pas cette opinion. »

Enfin, comment expliqueriez-vous, sans cette
doctrine des réincarnations, la justice de Dieu
qui n'aurait accordé à l'homme qu'une vie

pour progresser et arriver à la perfection, et qui aurait, sur ce monde, créé tant d'inégalités sous le rapport de l'intelligence, de la fortune, de la longueur de la vie même? Une existence d'enfant ou celle d'un criminel, auraient-elles les mêmes mérites que la longue vie d'un sage ou d'un souffrant? — A quel point d'ignorance arriveraient dans l'Au-delà le plus grand nombre des esprits! — A toutes ces questions faisons la même réponse : la justice de Dieu est infaillible et infinie : Il veut ses enfants réintégrés en lui au même degré de régénération morale ; et la loi de l'évolution est, pour les âmes humaines, la seule possibilité d'arriver à ce même degré de perfection. Cette loi justifie ces paroles de Jésus : « Dieu ne veut pas qu'un de ces petits périsse ».

Les premiers chrétiens admettaient la réincarnation ; il en fut ainsi jusque vers le IV° siècle de l'ère du Christ.

Origène a soutenu cette doctrine.

Ecoutons Léon Denis :

« Dans son livre célèbre *Des principes*, Ori-
« gène développe les puissants arguments qui
« montrent dans la préexistence et la survi-
« vance des âmes en d'autres corps, dans la
« succession des vies, en un mot, le correctif
« nécessaire à l'inégalité apparente des condi-
« tions humaines, une compensation au mal
« physique comme au mal moral qui semblent

« régner sur le monde, si l'on n'admet qu'une
« seule existence terrestre pour chaque âme.

« La pluralité des existences de l'âme n'a ja-
« mais été tranchée par les Conciles. Elle reste
« ouverte aux résolutions de l'Eglise dans
« l'avenir, et c'est là un point qu'il importe
« d'établir. »

(*Christianisme et Spiritisme*).

« Saint Clément d'Alexandrie et saint Gré-
« goire de Nysse s'expriment dans le même
« sens. Ce dernier expose que l'âme immor-
« telle doit être guérie et purifiée, et si elle ne
« l'a pas été dans sa vie terrestre, la guérison
« s'opère dans les vies futures et subséquentes.

(*Stromat.*, liv. VIII. Grand discours
Catéchétique).

Ainsi que la loi de la pluralité des existences, celle de la pluralité des mondes se trouve dans l'Evangile ; Jésus s'exprime ainsi : « Il y a plu-
« sieurs demeures dans la maison de mon père.
« Je m'en vais préparer le lieu, et après que je
« m'en serai allé et que je vous aurai préparé le
« lieu, je reviendrai et je vous retirerai à moi »
(Jean, XVI).

Nous l'avons déjà démontré au chapitre de l'astronomie : serait-il possible qu'un Dieu ait peuplé l'immensité sans bornes d'une infinité de soleils et de planètes présentant des conditions de vie et d'habitabilité analogues aux nôtres, si ces systèmes planétaires devaient poursuivre une course solitaire dans l'espace, tandis que notre misérable grain de poussière devrait seul être habité ?

La croyance naïve qui faisait du firmament le plafond où se balançaient les étoiles, lampes destinées à éclairer notre terre, n'est plus et saurait subsister devant les découvertes du télescope. Au-delà des espaces que peut embrasser notre vue, il est encore des mondes, et toujours des mondes, et cet univers est sans bornes. C'est donc une incompréhensible naïveté de soutenir que, seule, la terre est habitée, ou même, de repousser la réflexion qui nous vient de ce fait, parce que l'Eglise romaine a défendu aux chrétiens l'usage de leur raison.

De la pluralité de ces mondes habités à la pensée toute naturelle que, parmi leur nombre illimité, il en est de plus privilégiés en ce qui concerne les conditions de la vie, il n'y a qu'un pas. Les humanités, tout en ayant un type commun, peuvent avoir des différences essentielles dans leur manière d'être et de vivre, et c'est là ce qui constituerait les différentes conditions d'habitabilité. Cette vérité est renfermée dans ces mots du Christ : « Il y a plusieurs demeures dans la maison de mon Père. » La maison du Père, c'est l'Univers que Dieu remplit ; les demeures différentes, ce sont les globes sans nombre qui composent cet Univers.

Origène dit, à propos de ces paroles de Jésus :
« Le Seigneur fait allusion aux stations diffé-
« rentes que les âmes doivent occuper, après
« qu'elles ont été dépouillées de leurs corps
« actuels, et qu'elles en ont été revêtu de nou-
« veaux. »

Et maintenant, n'admettez-vous pas, ne pourrez-vous admettre que ces deux humanités, composées des Esprits désincarnés et des Esprits enfermés dans la chair, qui, toutes deux, peuplent l'Univers, dans l'espace et sur les mondes, se rencontrent, se pénètrent, s'aident mutuellement dans leurs progrès vers le Parfait et le Divin ?

Voici des preuves à l'appui de cette assertion : Lisez dans l'Evangile l'apparition de Moïse et d'Elie aux côtés de Jésus, sur le Mont Thabor : « En même temps, ils (les disciples) virent paraître Moïse et Elie qui s'entretenaient avec Lui » (Matth. XVI).

Après sa mort, Jésus apparaît à ses disciples. Madeleine le voit près d'elle, dans le jardin du sépulcre, au surlendemain du supplice, et Jésus lui dit : « Femme, pourquoi pleures-tu ? » Et encore ceci : « Ne me touche point ; mais va à mes frères et dis-leur : Je monte vers mon Père et votre Père, vers mon Dieu et votre Dieu. » A Emmaüs, il entre, « les portes étaient fermées, et il se tint au milieu d'eux et dit : Paix soit avec vous » (Jean, XV).

Et saint Paul écrit, s'appuyant sur la vérité de ces apparitions : « Si Christ n'est pas ressuscité, notre foi est vaine » (Ire Epître aux Corinthiens).

Il n'y a point là de miracle, ainsi que l'affirme l'Eglise. Le miracle serait une dérogation aux lois immuables établies par Dieu ; il n'y a là qu'un fait qui s'est reproduit dans tous les temps, dans tous les pays ; un fait qui a été constaté à toutes les époques et par tous les peuples, à quelque degré d'avancement qu'ils se soient trouvés : le fait de l'apparition d'un être désincarné.

Saint Paul a vu le Christ lui apparaître sur la route de Damas, et c'est cette vision qui détermine l'adhésion du grand Apôtre à la foi chrétienne.

Nous puiserons ici quelques citations dans les ouvrages de Léon Denis :

« La communication des chrétiens avec les
« Esprits des morts était chose si commune
« dans les premiers siècles, que des instructions
« précises circulaient parmi eux sur ce sujet.

« Hermas, disciple des apôtres, le même que
« saint Paul fait saluer de sa part, dans son
« Epître aux Romains (XVI, 14), indique dans
« son livre *du Pasteur* les moyens de distinguer
« entre les bons et les mauvais esprits. »

« La révélation des Esprits se poursuivit

« longtemps après la période apostolique. Du-
« rant les IIe et IIIe siècles, les chrétiens s'adres-
« saient directement aux âmes des morts, pour
« décider les points de doctrine.

« Saint Grégoire, le thaumaturge, évêque de
« Néo-Césarée, déclare avoir reçu de Jean
« l'Evangéliste, dans une vision, le symbole de
« la foi prêché par lui à son Eglise.

« Origène, ce sage que saint Jérôme considé-
« rait comme le grand maître de l'Eglise, après
« les apôtres, parle souvent, dans ses œuvres,
« des manifestations des morts.

« Dans la controverse avec Celse, il dit : Je ne
« doute pas que Celse se moque de moi ; mais
« les railleries ne m'empêcheront pas de dire
« que beaucoup de personnes ont embrassé le
« Christianisme comme malgré elles, leur cœur
« ayant été tellement changé soudain par quel-
« que Esprit, soit par une apparition, soit dans
« un songe, qu'au lieu de l'aversion qu'elles
« avaient pour notre foi, elles l'ont aimée
« jusqu'à mourir pour elle. Je prends Dieu à
« témoin de la vérité de ce que je dis ; il sait que
« je ne veux pas rendre recommandable la
« Doctrine de Jésus-Christ par des histoires
« fabuleuses, mais par la vérité des faits incon-
« testables (Origène, Edition Bénédictine).

« Le célèbre évêque d'Hippone, saint Augustin,
« n'est pas moins affirmatif. Dans ses lettres,
« il mentionne des *apparitions de défunts, allant*

« *et venant dans leur demeure accoutumée*, faisant
« des prédictions que les événements réalisent
« (Lettre à Erodius. Edition des Bénédictins).

« Dans son traité *De cura pro Mortius*, il parle
« en ces termes des manifestations des morts :
« Les Esprits des morts peuvent être envoyés
« aux vivants ; ils peuvent leur dévoiler l'avenir
« qu'eux-mêmes ont appris, soit par d'autres
« Esprits, soit par les Anges, soit par une révé-
« lation divine (*De cura pro Morts*, Edition
« bénédictine).

« Il parle des manifestations occultes et
« ajoute : Pourquoi ne pas attribuer ces opéra-
« tions aux Esprits des défunts et ne pas croire
« que la divine Providence fait un bon usage de
« tout pour instruire les hommes, les consoler,
« les épouvanter (*De cura pro Morts*).

« Dans sa *Cité de Dieu*, au sujet du corps
« lucide, éthéré, aromal qui est le périsprit des
« spirites, il parle des opérations théurgiques
« qui le rendent propre à communiquer avec
« les Esprits et les Anges, et à recevoir des
« visions.

« Saint Clément d'Alexandrie, saint Grégoire
« de Nysse, dans son *Discours Catéchétique*,
« saint Jérôme lui-même dans sa controverse
« fameuse, avec Vigilantius le Gaulois, se pro-
« noncent dans le même sens.

« Saint Thomas d'Aquin, l'Ange de l'Ecole,
« nous dit l'abbé Poussin, professeur au sémi-

« naire de Nice, dans son ouvrage : *Le Spiritisme*
« *devant l'Eglise* (1866), saint Thomas d'Aquin
« communiquait avec les habitants de l'autre
« monde, avec des morts qui lui apprenaient
« l'état des âmes auxquelles il s'intéressait, avec
« des saints qui le réconfortaient et lui ouvraient
« les trésors de la science divine. (En renvoi :
« On lit dans *la Somme* (I. qu. 89, 8. 2°) : L'Es-
« prit (*anima separata*) peut apparaître aux
« vivants). »

« Ce sont encore les voix de Jeanne d'Arc,
« ce sont les génies familiers du Tasse et de
« Jérôme Cardan, les phénomènes macabres
« du Moyen Age produits par les Esprits d'ordre
« inférieur, les convulsionnaires de saint Médard,
« puis les petits prophètes inspirés des Cé-
« vennes : Swedenborg et son école ; mille
« autres faits forment une chaîne ininterrompue
« qui, depuis les manifestations de la plus
« haute antiquité, nous amènent au Spiritua-
« lisme moderne.

« Et enfin, à une époque récente, au sein de
« l'Eglise quelques penseurs scrutaient encore
« le problème de l'invisible. Sous le titre du
« *Discernement des Esprits*, le Cardinal Bona, ce
« Fénelon de l'Italie, consacrait un ouvrage à
« l'étude des différentes catégories d'Esprits qui
« peuvent se manifester aux hommes : « On a
« sujet de s'étonner, dit-il, qu'il se soit pu trou-

« ver des hommes de bon sens qui aient osé nier
« tout à fait les apparitions et les communica-
« tions des âmes avec les vivants, ou les attri-
« buer à une imagination trompée, ou bien à
« l'art des démons. »

« Même au sein du clergé, il y eut toujours des
« partisans cachés de ces idées de réhabilita-
« tion par l'épreuve, de successions de vies et
« de communications avec l'invisible. De nos
« jours, nous savons que des prêtres tiennent ce
« langage : « Nous sommes avec vous les spiri-
« tualistes, nous voyons comme vous, nous pen-
« sons comme vous ; vos raisonnements ainsi
« que vos espérances sont les nôtres. Mais nous
« sommes enrégimentés dans une armée qui ne
« nous pardonnera pas nos opinions, si elle les
« connaît. Et si nous la quittons pour pactiser
« ouvertement avec vous, quel sera notre
« gagne-pain, n'ayant aucun titre pour arriver
« à un emploi public, ni aucun métier qui
« nous permet de subvenir à nos besoins ? »

« Seuls parmi eux, les riches et les puissants
« osèrent élever la voix. Il y a un demi-siè-
« cle (1843), M. de Montal, évêque de Chartres,
« parlait en ces termes, dans son mandement,
« de la préexistence et des réincarnations:
« Puisqu'il n'est pas défendu de croire à la pré-
« existence des âmes, qui peut savoir ce qui a
« pu se passer dans le lointain des âges entre
« des Intelligences ? »

« Le Père Lacordaire écrivait, le 20 juin 1853,
« à Mme Swetchine, à propos des tables tour-
« nantes : Peut-être aussi, par cette divulga-
« tion, Dieu veut-il proportionner le dévelop-
« pement des forces spirituelles au dévelope-
« pement des forces matérielles, afin que
« l'homme n'oublie pas, en présence des mer-
« veilles de la mécanique, qu'il y a deux mondes
« inclus l'un dans l'autre, le monde des corps et
« le monde des Esprits.

« Le Père P. Lebrun, de l'Oratoire, dans son
« ouvrage intitulé *Histoire des Pratiques supers-
« stitieuses*, t. VI, p. 358, s'exprime ainsi : « Les
« âmes qui jouissent de la béatitude éternelle,
« toutes abîmées dans la contemplation de la
« gloire de Dieu, ne laissent pas de s'intéresser
« encore à ce qui regarde les hommes dont elles
« ont éprouvé les misères ; et comme elles sont
« parvenues au bonheur des anges, *tous les écri-
« vains sacrés* leur attribuent le privilège de pou-
« voir, sous des corps aériens, se rendre visibles
« à leurs frères qui sont encore sur la terre, pour
« les consoler et leur apprendre les volontés
« divines.

« L'Abbé Mazoureau écrivait à Allan Kardec :
« Montrez à l'homme qu'il est immortel. Rien
« ne peut mieux vous seconder dans cette noble
« tâche que la constatation des Esprits d'Outre-
« tombe et leurs manifestations. Par là seule-
« ment, vous viendrez en aide à la religion, en

« combattant à ses côtés le combat de Dieu.

« Ainsi, d'un côté, dans l'Eglise Catholique, on
« condamne le Spiritisme comme contraire aux
« lois de Dieu et de l'Eglise, et de l'autre, on le
« considère comme un auxiliaire de la religion,
« et on le qualifie de « Combat de Dieu ».

« Il en est de même au sein des Eglises pro-
« testantes. Beaucoup de pasteurs, et non des
« moins éminents, viennent au Spiritisme sans
« détours. On peut lire à ce sujet l'opinion émise
« par le pasteur Bénezeck de Montauban, dans
« ses Causeries de 1892.

« A Londres, le révérend Harweis prêchait
« naguère *la doctrine des Morts* dans l'église de
« Marylebone, et invitait ses auditeurs à passer
« dans la sacristie, après ses sermons, pour
« examiner des photographies d'Esprits.

« Plus récemment encore, dans l'église
« Saint-Jacques, le même orateur prêchait sur
« les tendances du *Spiritualisme moderne*, et
« concluait en disant que *les faits spirites sont*
« *en parfaite concordance* avec le mécanisme
« général et les théories de la religion chré-
« tienne » (Traduit de la Revue *Light*, de Londres, 7 août 1897).

« J'ai découvert, écrit M. Savage, pasteur de
« l'Eglise unitaire de Boston, des faits qui prou-
« vent que le moi ne meurt pas, et qu'après ce
« que nous appelons la mort, il est capable, dans

« certaines conditions, d'entrer encore en com-
« munication avec nous. »

« Le révérend J. Page Hops, dans une réunion
« de pasteurs, à Manchester, affirmait « la com-
« munion des Esprits dans le visible et l'invi-
« sible », et proposait la fondation d'une Eglise
« dont les voix seraient les messages d'en haut »
(*Aurore*, juillet 1893.)

« Dans un article de *Pontefract Express*, du
« 29 janvier 1898, le Rérérend G. Ware, ministre
« de l'Eglise méthodiste, parle longuement des
« Actes des Apôtres. Il engage les chrétiens à
« faire une étude approfondie de ce livre, au
« point de vue des faits innombrables et mer-
« veilleux qu'il relate et qui ne sont autres que
« des phénomènes spirites. Il fait remarquer
« qu'au début de l'établissement du Christia-
« nisme, deux classes de coopérateurs se
« trouvent constamment en contact : ce sont
« les esprits désincarnés et les incarnés. Le Ré-
« vérend Ware mentionne successivement les
« deux hommes vêtus de blanc qui, lorsque
« Jésus eut disparu aux yeux de ses disciples,
« vinrent converser avec eux et leur donner des
« instructions ; la réunion dans la chambre
« haute, avec les phénomènes de lumière, de
« bruits, d'influences contrôlant les assistants,
« et leur dictant des discours en langues qui
« leur étaient inconnues, etc. ; les cures mer-
« veilleuses opérées par les premiers chrétiens ;

« la délivrance de la prison de Saint-Pierre ;
« l'ébranlement de la maison dans laquelle se
« tenait une réunion de prières ; l'envoi de Phi-
« lippe à l'eunuque et son enlèvement par une
« force occulte ; Cornelius averti par un esprit,
« et la vision de Pierre à son sujet ; les mer-
« veilleuses manifestations qui, de persécuteur
« et assassin, firent de Paul un apôtre des plus
« zélés ; les extases et les dons remarquables
« qui prouvèrent que cet apôtre était l'instru-
« ment de pouvoirs invisibles ; enfin, tous les
« phénomènes extraordinaires qui accompa-
« gnèrent la prédication des disciples, après que
« les langues de feu eussent été répandues sur
« leurs têtes, et l'ardente ferveur communiquée
« aux premiers chrétiens par ces phénomènes,
« qui, tous, se reproduisent actuellement dans
« les séances spirites. »

(*Christianisme et Spiritisme après la Mort*,
Léon Denis).

TROISIÈME PARTIE

Expérimentation

I

EXPOSÉ DE LA DOCTRINE

> « Le Spiritisme est une science qui a pour objet la démonstration expérimentale de l'existence de l'âme et de son immortalité, au moyen de communications avec ceux qu'on a improprement appelés les morts. »
> (*Le Phénomène Spirite*, par Gabriel Delanne).

C'est spécialement pour cette partie de notre ouvrage qu'il nous faudra emprunter aux savants et aux philosophes. C'est ici surtout que notre travail doit devenir un travail de recherches et de compilation. Pour composer un ouvrage, en l'appuyant sur des preuves, afin qu'il devienne lui-même une preuve vivante de la vérité qu'il importe de démontrer, il faut feuilleter des livres, chercher dans maint volume, consulter beaucoup d'auteurs et grouper un grand nombre d'arguments en faveur de cette vérité.

Nous le savons maintenant, le Spiritisme est une science. Il est demeuré longtemps à l'état de force latente : de même que l'homme primitif vivait sans jamais se demander quelle était la cause de sa vie, l'humanité a de tout temps pratiqué le Spiritisme sans en comprendre les forces, les causes et les effets, et sans même s'en demander le pourquoi.

Mais à mesure que la science a pénétré le domaine de l'incompréhensible, à mesure qu'elle a sondé tous les recoins ignorés du vulgaire, que son flambeau a éclairé les parties les plus ténébreuses du Mystère, la Raison s'est rapprochée, pour chercher avec elle la solution des problèmes.

M. Achille Cazin, professeur de physique au Lycée Condorcet, écrivait, en 1871, ces mots dans l'Introduction de son Livre : *Les forces physiques* :

« Un des plus nobles désirs de l'homme est
« celui de connaître les lois qui régissent l'uni-
« vers, et ceux qui ont contribué à jeter quelque
« lumière sur ces mystérieuses harmonies ont
« toujours été entourés d'admiration ; ils sont

« souvent apparus comme des êtres privilégiés
« portant avec eux le flambeau divin, et à tra-
« vers les siècles, les générations contemplent
« leur œuvre indélébile et les placent au premier
« rang parmi les gloires de l'humanité. Jadis
« on les appelait *philosophes, Amis de la Sagesse*.
« Leurs spéculations embrassaient toutes les
« sciences. Pour eux le monde moral et le monde
« matériel étaient inséparables, et ils sondaient
« les mystères de l'âme aussi bien que ceux de
« la matière. »

Oui, les philosophes de jadis sondaient à la fois les mystères de l'âme et ceux de la matière. Depuis, les connaissances, en s'étendant, ont été obligées de se diviser ; et il semble que ce domaine de l'âme ait été à peu près exclusivement accaparé par les religions. Or, pour découvrir la cause des effets purement psychiques, il eut fallu, il nous semble, que la métaphysique fût au moins aidée de la physique qui devait la compléter. Les problèmes les plus profonds sont restés longtemps les plus insolubles à cause de cette division des matérialistes et des spiritualistes qui auraient dû, au lieu de se diviser, réunir leurs forces et mettre leurs découvertes en commun. Ils seraient ainsi arrivés plus facilement au résultat que nous commençons à obtenir aujourd'hui, c'est-à-dire à la science appuyée sur les preuves réunies de l'âme et de la matière.

Les matérialistes veulent des preuves palpables. Pour croire à Dieu, ils voudraient le toucher, le voir, l'entendre avec leurs sens corporels, oubliant que l'essence de la Divinité est immatérielle ; s'ils ne croient pas à Dieu, ils ne croiront pas plus à leur âme... Et cependant, guidés par l'expérimentation, beaucoup d'entre eux sont arrivés à des solutions inespérées, à des découvertes merveilleuses.

Or, puisque nous sommes ici sur le terrain du spiritisme ou spiritualisme expérimental, disons tout de suite qu'une foule de savants remarquables et considérés se sont faits ses apologistes, et en ont démontré la vérité avec une précision et une clarté qui font que nul désormais ne pourra mettre cette vérité en doute.

Au nombre de ces savants, nous pourrons citer William Crookes, membre de la Société dialectique de Londres ; le professeur de chimie Mapes, de l'Académie nationale de New-York ; Robert Hare, professeur à l'Université de Pensylvanie, Robert Owen, écrivain, le savant Russell Wallace, l'astronome Zoelner, le Dr Gibier, élève de Pasteur, et directeur de l'Institut Antirabique de New-York ; Aksakof, conseiller d'Etat russe et Directeur d'un journal d'études psychiques ; Charles Richet, professeur à la Faculté de médecine de Paris...

Les savants en grand nombre ont suivi leur exemple ; ils ont étudié, cherché, sondé, et sont enfin arrivés à reconnaître la plupart des phénomènes psychiques pour être produits par les entités de l'Au-delà.

Voici les paroles de William Crookes, qui avait été délégué à l'étude des phénomènes spirites, avec la mission d'en découvrir la fausseté, et qui, après quatre années de recherches assidues, entourées des plus grandes précautions, vient établir le fruit de ses études, en écrivant : *Je ne dis pas que cela peut être ; je dis que cela est* (1876).

Citons encore quelques personnages célèbres ou connus qui ont appuyé le phénomène spirite : Auguste de Morgan, président de la Société Mathématique de Londres, secrétaire de la Société royale astronomique; M. Varlez, Ingénieur en chef des Compagnies de la télégraphie internationale et transatlantique, inventeur du condenseur électrique ; Sergeant Cox, jurisconsulte philosophe écrivain ; M. Barkas, membre de la Société de Géologie de Newcastle ; Dr Georges Sexton ; Dr Chambers ; Dr James Gully ; Eugène Nus, littérateur ; le comte d'Ourche ; Auguste Vacquerie ; Victor Hugo ; Mme de Girardin ; Victorien Sardou ; Eugène Bonnemère ; Théophile Gautier; Camille Flammarion ; Maurice Lachâtre...

Enfin, il y a actuellement à Paris une Société de psychologie physiologiste qui étudie les phénomènes d'apparitions ou matérialisations.

Cette société comprend parmi ses membres : Sully Prud'homme, de l'Académie Française, G. Ballet, professeur de l'Académie de médecine, le lieutenant-colonel de Rochas, ex-administrateur de l'école Polytechnique, Beaunis, professeur à l'Académie de médecine de Nancy, M. Mariller, maître de conférences à l'école des Hautes-Etudes.

Nous pourrions couvrir ainsi des pages et des pages de noms connus, tous de personnages adhérents à la Cause du Spiritisme. Nous ne vous ferons pas la nomenclature des villes renfermant des Fédérations Spirites, car la terre en est couverte ; aux Etats-Unis seulement, on compte vingt millions de spirites ou spiritualistes.

Il est évident qu'il n'est plus permis aujourd'hui de traiter le Spiritisme comme une non-valeur. Il fait chaque jour de nouvelles recrues, et il est indéniable qu'il est en marche vers des progrès nouveaux et une extension de plus en plus considérable.

Cependant, ainsi que tout progrès scientifique, il a encore de nombreux détracteurs. Jetons un regard sur leurs diverses catégories.

Il y a d'abord les savants qui ne lui concèdent pas même le droit d'examen. Ces savants sont, pour la plupart, des matérialistes qui, par un orgueil mal placé, ne veulent pas s'incliner devant des théories nouvelles renversant l'échafaudage de leurs déductions ou de leurs études. Il y a aussi les savants qui, dans la crainte de se couvrir de ridicule, ont repoussé tout net l'idée des phénomènes, ou bien, plus ridicules encore qu'ils ne l'eussent été en étudiant, ont cherché à ces phénomènes des causes absurdes, telle, par exemple, l'hypothèse du *long péronier*, ou muscle craqueur de M. Schiff, appuyé de M. Jobert de Lamballe, qui explique le cas à l'Académie (1859) : Le long péronier est un muscle du bas de la jambe ; ces messieurs lui avaient attribué le pouvoir de craquer méthodiquement, en sortant de sa charnière, pour frapper sur l'os voisin. Alors, « ce muscle imitait à s'y méprendre les coups dans les tables, le bruit de la scie, du marteau », etc., à la volonté du maître intelligent qui savait s'en servir pour les besoins de la cause du Spiritisme !

L'Académie accepta alors bonnement l'explication du phénomène par MM. Schiff et Jobert, sans même se donner la peine d'examiner les sujets extraordinaires capables d'imiter toutes sortes de bruits, et même de dicter des phrases, en faisant craquer *leur long péronier*. Nous pensons que, s'il y a des rieurs ici, ils ne seront pas du côté de l'Académie assistée par ses docteurs...

Viennent ensuite les religions qui, à part quelques-uns de leurs membres, plus intelligents ou plus raisonnables que les autres, s'efforcent d'empêcher leurs dévots de pratiquer, ou même d'examiner le Spiritisme, sous prétexte que ce sont les démons qui répondent aux évocation. M. de Mirville, dans son livre des *Esprits et de leurs manifestations fluidiques*, attribue tous les phénomènes au diable lui-même, au diable en personne. C'est lui (le diable), qui se sert de ce phénomène pour tenter les hommes et les faire tomber dans ses pièges ; c'est lui qui vient soulever les pieds de la table, et répond à la place des parents et des amis qu'on évoque ; c'est lui qui a conseillé à Urbain Grandier d'ensorceler les religieuses de Loudun, et c'est justement aussi, toujours d'après M. de Mirville, qu'Urbain Grandier a été brûlé, en expiation de ce crime. Il n'ose pas dire que Jeanne d'Arc a été condamnée justement, parce qu'elle entendait des voix ; mais il reconnaît qu'au Moyen Age, on ne pouvait faire autrement que de la condamner. Ce pauvre diable ! y croyez-vous encore ? Et surtout, pouvez-vous admettre que ce soit lui qui, après avoir inspiré à Jeanne d'Arc de sauver la France, vienne nous donner maintenant des sentences de la plus haute moralité et des conseils de la plus grande vertu, par l'organe des tables frappantes, ou celui de nos médiums écrivains ?

Quel bon et excellent diable cela ferait, digne certainement d'un tabouret au pied du trône de Dieu le Père !

Il est facile vraiment d'abattre ce préjugé qui éloigne les dévots du Spiritisme. En admettant même l'existence des démons, ce qui est impossible, dès le premier regard jeté sur la grandeur de Dieu, mais enfin, en admettant cette existence, qu'arriverait-on à prouver? C'est que le diable est vraiment bien bon de faire, par la voix du Spiritisme, tant d'adeptes à Dieu, son éternel ennemi. En effet, si nous considérons combien d'âmes sont, par le Spiritisme, relevées, moralisées, conduites au bien ; combien de suicides sont évités ; combien de douleurs consolées ou du moins adoucies, nous ne pourrons certes nous placer au point de vue de l'Eglise affirmant que le démon peut être ainsi devenu son propre ennemi et son plus puissant adversaire (1).

Nous lisons dans l'Evangile : « Les Pharisiens
« disaient: c'est par Belzébuth, chef des
« démons, qu'il chasse les démons. — Et con-
« naissant leurs pensées Jésus leur dit : Tout
« royaume divisé contre lui-même est dévasté;
« et aucune ville ou maison divisée contre elle-
« même ne subsistera. Que si Satan chasse
« Satan, il est divisé contre lui-même ; com-
« ment donc son royaume subsistera-t-il ? »

(Matth. XII).

Parmi les détracteurs du Spiritisme, nous

---

(1) De nos jours, la Doctrine des démons est soutenue par MM. Méric et Gaston Méry.

trouvons encore certaines gens du monde qui rient du moyen de la table employé pour la communication avec le monde invisible. Sans nul doute, ils ne songent pas à ces choses : que, d'abord, l'homme, en se désincarnant, n'acquiert pas tout à coup un mérite infini, et ne devient ni un sage, ni un ange. Son état fluidique et éthéré ne lui constitue pas un mérite de plus ; c'est sa manière d'être. Le désincarné reste ce qu'il vaut à la mort, ni plus, ni moins. Mais pour que cet Esprit désincarné puisse communiquer avec l'Esprit incarné, il faut se servir d'un moyen mixte, qui convienne aux deux. Quel est, parmi les meubles, l'un des plus simples, qui peut être en même temps l'un des plus élégants ? Nous avons nommé la table ; et nous avons déjà vu que des Romains se servaient, pour communiquer avec l'invisible, d'une petite table (mensulam) qu'ils avaient fabriquée des morceaux de bois de laurier. Donc, les hommes ont trouvé de tout temps ce télégraphe d'outre-tombe commode pour eux-mêmes et digne des esprits qu'ils évoquent.

Il est d'autres gens du monde qui se servent du moyen de communication de la table pour en faire un jeu de société. Ils adressent alors aux Esprits des questions divinatoires et obtiennent, la plupart du temps, en réponses, des propos légers, parfois même, grossiers. C'est que, par ces amusements, ils éloignent d'eux les Esprits vénérés ou sérieux, et ne réussissent à s'entourer que de désincarnés d'une classe inférieure. Ceux-ci sont heureux de prendre part à une conversation dans laquelle ils peuvent mystifier leurs évocateurs.

Il est aussi des personnes qui nient *a priori* toute espèce de communication entre les vivants et les morts. Le plus grand nombre de ces personnes n'a rien lu, rien étudié, rien examiné de la Doctrine spirite et de ses phénomènes ; la plupart d'entre elles appartient à l'Eglise catholique ; dans ce cas, la négation s'appuie sur le système du paradis et de l'enfer chrétiens, qui relègue élus et damnés dans des lieux inaccessibles, où toute communication avec les hommes leur est interdite. A tous ces négateurs dont le raisonnement est dénué de sens, nous dirons : Examinez, cherchez, rendez-vous un compte exact des faits ; avant vous, tant de savants les ont niés, discutés, puis se sont enfin rendus à l'évidence ! Mais au nom de la raison, au nom du bon sens même, ne niez pas brutalement, inconsidérément comme ceux qui condamnèrent l'illustre Galilée à la prison perpétuelle, pour avoir osé découvrir que la terre se meut dans l'espace : *E Pur si muove !*

Voici un mot (d'Eugène Nus) condamnant ceux qui nient sans examen :

« Connaissez-vous quelque chose en géologie ? « demandait sir Charles Lyell à un individu

« qui lui disait que la géologie était une farce,
« et qu'il n'en croyait pas un mot. — Nulle-
« ment, répondit le contradicteur ; pourquoi
« l'aurais-je étudiée, puisque je n'y crois pas ?
« — Eh bien, alors, répliqua le géologue, vous
« êtes incompétent pour discuter le sujet, ou
« pour avoir une opinion à cet égard. Allez et
« étudiez la géologie, puis revenez vers moi, et
« j'écouterai vos objections ; mais alors, ce sera
« inutile, car nous serons du même avis. »

Il y a encore les gens qui attribuent les phénomènes du Spiritisme à la fraude ou bien au charlatanisme. Les spirites ne nient pas que quelquefois la fraude et le charlatanisme s'introduisent parmi eux ; mais ils s'entourent de précautions pour les déjouer, et les expérimentateurs habitués savent les reconnaître.

Il y a les gens incertains, qui attribuent les manifestations à notre *moi inconscient*. Dans ce cas, nous serions des êtres bien complexes, bien compliqués, par cela même un peu effrayants.

Restent ceux qui ne veulent pas s'occuper des phénomènes spirites parce que, disent-ils, ces études mènent à la folie. A entendre M. Georges d'Esparbès, auteur d'un article paru dernièrement dans les *Annales politiques et littéraires*, le Spiritisme est dangereux. M. d'Esparbès convient lui-même qu'il ne connaît rien de la science dont il parle : cela ne l'empêche pas de conclure : « C'est dangereux. Il vaut mieux n'en rien connaître », tout comme le curé de la paroisse dit en chaire à ses ouailles : « C'est un mystère. Il faut croire sans réfléchir ». C'est avec de telles raisons que l'on fait abstraction de ce que Dieu a mis en nous de meilleur après le cœur : l'intelligence. Oui, un monde invisible nous entoure, peuplé des êtres qui ont vécu sur la terre, et l'étudier, c'est arriver à le connaître. Nous devons penser avec L. Denis que les savants qui ont étudié le phénomène spirite sont tous des hommes de laboratoire, des chimistes éprouvés, des physiciens, des médecins. Voici à ce sujet la réponse d'Allan Kardec :

« La folie, dit-il, a pour cause première une
« faiblesse morale relative qui rend l'individu
« incapable de supporter le choc de certaines
« impressions au nombre desquelles figurent,
« pour les trois quarts au moins, le chagrin, le
« désespoir, le désappointement et toutes les
« tribulations de la vie. Donner à l'homme la
« force nécessaire pour voir ces choses avec in-
« différence, c'est donc atténuer en lui la cause
« la plus fréquente de folie ou de suicide ; or,
« cette force, il la puise dans la doctrine spirite
« bien comprise. En présence de la grandeur
« de l'avenir qu'elle déroule à nos yeux, et dont
« elle donne la preuve patente, les tribulations
« de la vie deviennent si éphémères, qu'elles
« glissent sur l'âme comme l'eau sur le marbre
« sans laisser de traces. Le vrai spirite ne s'at-

« tache à la matière que tout juste autant qu'il
« faut pour les besoins de la vie ; mais si une
« corde lui manque, il en prend son parti, parce
« qu'il sait qu'il n'est ici qu'en passant, et qu'un
« sort bien meilleur l'attend ; aussi ne s'en
« affecte-t-il pas plus que de trouver acciden-
« tellement une pierre sur son chemin. En résumé,
« l'un des effets, et nous pouvons dire l'un des
« bienfaits du Spiritisme, c'est de donner à
« l'âme la force qui manque en beaucoup de
« circonstances, et c'est en cela qu'il peut di-
« minuer les causes de folie ou de suicide. N'est-
« ce pas la véritable philosophie ? »

(*Revue Spirite*, Paris, 1860).

Nous nous demandons pourquoi les uns et les autres négateurs repoussent avec tant d'ardeur et d'obstination la pensée qu'ils peuvent se trouver en contact avec les êtres aimés qui leur ont été arrachés par la mort, et recevoir librement les conseils et les communications de leurs parents et de leurs amis ? Quelle étrangeté trouvent-ils donc dans l'idée de ces communications, du moment qu'ils connaissent le mode de l'Univers infini, et la cause éternelle qui est Dieu ?

Est-ce que tous les êtres ne constituent pas en Lui, — Dieu, — une seule humanité, qu'ils soient sur les mondes ou dans l'espace ?

Pourquoi préférer la solitude du cœur, la séparation absolue d'avec tout ce que nous avons aimé sur la terre, à l'examen même de cette Doctrine qui rentre cependant parmi les lois de la Nature telle que Dieu a créé celle-ci, et qui doit servir à notre avancement moral en ce monde ?

L'homme sceptique est un aveugle qui doute de tout, même de la lumière, quoiqu'il vive entouré d'elle, et cela, parce qu'il ne l'a ni vue, ni palpée.

Un jour, j'interrogeais l'Esprit de mon père, lui demandant pourquoi il avait, de son vivant, repoussé l'idée du Spiritisme ; il me répondit ces paroles : « Les hommes savent rarement ce qui leur convient : la mort leur dévoile la vérité. »

Ce mot est profond. Pesez-le : *Les hommes savent rarement ce qui leur convient !*

En effet, les pauvres habitants de la terre s'agitent à la poursuite du bonheur et s'engagent pour cela dans mille sentiers, tous plus impraticables et plus durs les uns que les autres. Ils prennent pour buts différents la fortune, l'amour, la gloire ; mais la fortune, l'amour, la gloire semblent le plus souvent se rire de leurs efforts pour les atteindre, et bien peu de favorisés voient se réaliser leurs désirs.

N'attendez donc pas que *la mort vous dévoile la vérité* ; mais cherchez dès maintenant cette vérité dans l'étude de la science qui contient les éléments d'une Doctrine éminemment consolante et morale, dont la pratique donne courage et consolation.

*
* *

Avant d'entrer plus avant dans l'exposé de l'expérimentation, il est nécessaire de mettre ici un peu de science.

Nous tâcherons que le bagage en soit léger, afin qu'il n'embarrasse pas nos lecteurs.

Disons ici un mot de *la force*.

Vous êtes-vous jamais demandé comment et par quelle loi nous vivons, nous marchons, nous faisons évoluer notre être physique obéissant ?

« La cause de ce mouvement, dit le professeur
« Cazin, est extérieure à notre corps, et nous ap-
« pelons *force* cette cause. Il y a diverses espèces
« de forces. C'est ainsi que nous disons la force
« gravifique (pesanteur et attraction univer-
« selle), la force calorique, la force électrique, etc.
« Quelle est l'essence même de la force ? La ré-
« ponse à cette question n'est pas du domaine
« de la physique. Pour la résoudre, il ne s'agit
« pas de s'appuyer sur les faits observés dans les
« corps seulement. La connaissance de ces faits
« est certainement indispensable ; mais nous
« devons y joindre la connaissance de tout ce
« que l'intelligence humaine a pu découvrir

« dans l'ordre moral. La force, en effet, joue un
« rôle important dans les êtres vivants. Nous
« l'y trouvons sans cesse en rapport avec la vie,
« avec la matière, et on est obligé de reconnaître
« que sa recherche est liée aux plus hautes ques-
« tions de la philosophie. »

Ici, la science psychique vient au secours de la science physique : la force, c'est l'énergie vitale ; elle émane de chaque individu et peut s'extérioriser chez certains sujets. « L'homme,
« dit le Dr Gibier, est une intelligence. — glo-
« bule émané de l'Intelligence Universelle, —
« qui possède à son service *une force* empruntée
« à l'énergie également universelle. »

(*Analyse des choses*).

Cette force, émanée de l'homme, peut soulever ou faire mouvoir des objets, sans contact humain. Ce qui produit ce fait, c'est que cette force passe, en s'extériorisant, par des courants magnétiques, d'un corps à un autre, pour aller douer de mouvement des choses inanimées.

Reste à comprendre comment la table, qui peut être animée par l'extériorisation de cette force psychique, répond intelligemment avec des mots épelés qui ont un sens, et que n'a point provoqués l'opérateur ou médium.

A tout effet intelligent, il faut reconnaître une cause intelligente. Il ne faut pas aller chercher cette cause dans l'âme du médium, qui prête son fluide mais reste *impassible* pendant les manifestations. Il faut donc aller chercher cette cause dans la volonté d'un être désincarné qui, ayant répondu à l'évocation, cherche à se communiquer par un moyen à la portée de ceux qui l'ont évoqué.

Cet être désincarné n'est pas immatériel ; il a gardé son corps fluidique, ou corps astral, ou périsprit, à l'aide duquel il se communique.

Nous avons dit corps *fluidique*. Donnons ici l'explication de ce qualificatif fluidique.

Qu'est-ce que le fluide ?

« Le fluide est un corps dont les molécules
« (ou parties infinitésimales le composant) ont
« si peu d'adhérence entre elles qu'elles glissent
« les unes sur les autres et tendent continuelle-
« ment à se séparer : l'air et l'eau sont des
« fluides. »

(Définition du *Dictionnaire Larousse*).

Les fluides sont, en général, invisibles. Ainsi l'air que vous respirez est invisible ; cependant, vous en ressentez les effets et ne pouvez nier son existence qui est un des principes de la vôtre.

Vous croyez donc à l'existence de l'air sans le voir.

La science nous apprend que tout ce qui existe a son principe dans le fluide cosmique universel, ou matière élémentaire primitive qui existait seule avant la formation de la terre, et dont chaque chose a été tirée avec des modifications et des transformations innombrables.

Notre corps est formé de matière, notre âme est immatérielle ; mais la science psychique nous apprend qu'ils sont reliés entre eux par une condensation du fluide cosmique, ou fluide dans sa nature primitive, autour de notre foyer d'intelligence, autrement appelé *âme*. Dans le corps, le fluide cosmique a subi les transformations nécessaires à le rendre tangible et pondérable ; dans le corps fluidique, que les spirites ont appelé *périsprit*, ce même fluide est resté invisible et impondérable.

A la mort, le périsprit, enveloppe de l'âme, abandonne le corps en même temps qu'elle, et l'accompagne dans toutes ses pérégrinations et manifestations. C'est ce périsprit, corps fluidique, ou corps astral, que saint Paul a nommé : *corps spirituel*. C'est donc avec ce corps spirituel que l'âme se met en rapport avec les hommes, en se servant des médiums comme interprètes de ses manifestations, ou même comme aides directs, en leur empruntant de leurs propres fluides, plus tangibles et pondérables dans l'incarnation, afin de se rendre tangible, pondérable ou visible elle-même.

Dans son ouvrage « La Genèse », au chapitre des fluides, Allan Kardec établit que la constitution intime du périsprit n'est pas identique chez tous les Esprits incarnés ou désincarnés qui peuplent la terre ou l'espace environnant. En effet, le périsprit est plus ou moins subtil ou éthéré, selon que l'incarné ou le désincarné est plus pur ou plus matériel, plus détaché des choses de la terre, ou plus soumis à ses attractions charnelles. On tire de là une conclusion entre plusieurs autres : c'est qu'à la mort, l'esprit purifié se détachera plus facilement du corps. Qu'il n'y aura pas lutte entre les deux éléments qui vont se séparer, et que, par conséquent, l'Esprit, une fois seul dans l'espace, se reconnaîtra et reconstituera sans trouble et sans difficulté son existence de l'au-delà, la seule vraie pour la créature de Dieu, l'autre, celle de la chair n'étant qu'une épreuve pour l'Esprit.

« Il en résulte encore, dit Allan Kardec, que « l'enveloppe périspritale du même Esprit se « modifie avec le progrès moral de celui-ci à « chaque incarnation, bien que s'incarnant, « dans le même milieu; que les Esprits supé-« rieurs, s'incarnant exceptionnellement en « mission dans un monde inférieur, ont un pé-« risprit moins grossier que celui des indi-« gènes de ce monde.

« Le milieu est toujours en rapport avec la « nature des êtres qui doivent y vivre ; les pois-« sons sont dans l'eau ; les êtres terrestres sont

« dans l'air ; les êtres spirituels sont dans le
« fluide spirituel ou éthéré, même sur la terre.
« Le fluide éthéré est pour les besoins de l'Es-
« prit ce que l'atmosphère est pour les besoins
« des incarnés. Or, de même que les poissons
« ne peuvent vivre dans l'air, que les animaux
« terrestres ne peuvent vivre dans une atmos-
« phère trop raréfiée pour leurs poumons, les
« Esprits inférieurs ne peuvent supporter
« l'éclat et l'impression des fluides les plus éthé-
« rés ».

— « Pour changer de nature, il faut qu'ils se
« dépouillent des instincts matériels qui les re-
« tiennent dans des milieux matériels ; en un
« mot, qu'ils s'épurent et se transforment mo-
« ralement ; alors, graduellement, ils s'identi-
« fient avec un milieu plus épuré qui devient
« pour eux un besoin et une nécessité.

« Tout se lie, tout s'enchaîne dans l'univers ;
« tout est soumis à la grande et harmonieuse
« loi d'unité, depuis la matérialité la plus com-
« pacte jusqu'à la spiritualité la plus pure.

« La puissance divine éclate dans toutes les
« parties de cet ensemble grandiose. »

De cet exposé, nous devons conclure une
chose : c'est que les évocations attirent le plus
généralement les Esprits dans les milieux en
concordance avec leurs propres fluides. De là
encore, la nécessité de la prière ou, du moins,

de l'élévation de nos âmes vers Dieu, avant chaque évocation, si nous ne voulons pas nous entourer d'êtres malfaisants ou seulement légers qui ne peuvent rien pour notre bien moral et même physique.

Voyons maintenant avec Allan Kardec comment les Esprits se servent des fluides pour se manifester :

« Les Esprits agissent sur les fluides spirituels,
« non en les manipulant comme les hommes
« manipulent les gaz, mais à l'aide de la pensée
« et de la volonté. La pensée et la volonté sont
« aux Esprits ce que la main est à l'homme. Par
« la pensée ils impriment à ces fluides telle di-
« rection ; ils les agglomèrent, les combinent
« ou les dispersent ; ils en forment des ensembles
« ayant une apparence, une forme, une couleur
« déterminée ; ils en changent les propriétés
« comme un chimiste change celles des gaz ou
« d'autres corps en les combinant suivant cer-
« taines lois. C'est le grand atelier ou labora-
« toire de la vie spirituelle.

« C'est ainsi, par exemple, qu'un Esprit se
« présente à un incarné doué de la vue psy-
« chique, sous les apparences qu'il avait de son
« vivant, à l'époque où on l'a connu. Il se pré-
« sente avec le costume, les signes extérieurs,
« — infirmités, cicatrices, etc., qu'il avait alors.
« Ce n'est pas à dire qu'il ait conservé ces appa-
« rences ; non, certainement, car, comme Es-

« prit, il n'est ni boiteux, ni manchot, ni borgne,
« — mais sa pensée se reportant à l'époque où
« il était ainsi, son périsprit prend instantané-
« ment les apparences qu'il quitte de même
« instantanément dès que la pensée cesse d'agir.
« Par un effet analogue, la pensée de l'Esprit
« crée fluidiquement les objets dont il avait
« l'habitude de se servir : un avare maniera de
« l'or ; un militaire aura des armes et son uni-
« forme ; un fumeur, sa pipe ; un laboureur, sa
« charrue et ses bœufs ; une vieille femme, sa
« quenouille.

« Les fluides étant le véhicule de la pensée,
« celle-ci agit sur les fluides comme le son agit
« sur l'air : ils nous apportent la pensée comme
« l'air nous apporte le son. On peut donc dire, en
« toute vérité, qu'il y a dans ces fluides des
« ondes et des rayons de pensées qui se croisent
« sans se confondre, comme il y a dans l'air des
« ondes et des rayons sonores.

« Il y a plus : la pensée, *créant des images flui-*
« *diques,* elle se reflète dans l'enveloppe péris-
« pritale comme dans une glace ; elle y prend un
« corps et s'y photographie, en quelque sorte.

« C'est ainsi que les mouvements les plus
« secrets de l'âme se répercutent dans l'enve-
« loppe fluidique ; qu'une âme peut lire dans
« une autre âme, comme dans un livre, et voir
« ce qui n'est pas perceptible pour les yeux du
« corps. »

Passant au caractère des manifestations, « Allan Kardec s'exprime ainsi :

« Les phénomènes des tables tournantes et
« parlantes (c'est-à-dire formant des mots et
« des phrases à l'aide des lettres frappées par
« ordre alphabétique), de la suspension des corps
« graves, de l'écriture médianimique, aussi
« anciens que le monde, mais vulgarisés aujour-
« d'hui, donnent la clef de quelques phéno-
« mènes analogues spontanés auxquels, dans
« l'ignorance de la loi qui les régit, on avait
« attribué un caractère surnaturel et miracu-
« leux. Ces phénomènes reposent sur les pro-
« priétés du corps périsprital soit des incarnés,
« soit des Esprits libres.

« C'est à l'aide de son périsprit que l'Esprit
« agissait sur son corps vivant ; c'est encore
« avec ce même fluide qu'il se manifeste en
« agissant sur la matière inerte ; qu'il produit
« les bruits, les mouvements de table et autres
« objets qu'il soulève, renverse ou transporte.
« Ce phénomène n'a rien de surprenant si l'on
« considère que, parmi nous, les plus puissants
« moteurs se trouvent dans les fluides les plus
« raréfiés et même impondérables, comme l'air,
« la vapeur et l'électricité.

« C'est également à l'aide de son périsprit que
« l'Esprit fait écrire, parler ou dessiner les mé-
« diums ; n'ayant pas de corps tangible pour agir
« ostensiblement quand il veut se manifester, il

« se sert du corps du médium, dont il emprunte
« les organes, qu'il fait agir comme si c'était son
« propre corps, et cela par l'effluve fluidique
« qu'il déverse sur lui.

« C'est par le même moyen que l'Esprit agit
« sur la table, soit pour la mouvoir sans signi-
« fication déterminée, soit pour lui faire frapper
« des coups intelligents indiquant les lettres de
« l'alphabet, pour former des mots et des phrases,
« phénomène désigné sous le nom de *typtologie*.
« La table n'est ici que l'instrument dont il se
« sert, comme il fait du crayon pour écrire ; il
« lui donne une vitalité momentanée par le
« fluide dont il la pénètre mais *il ne s'identifie*
« *pas avec elle*. Les personnes qui, dans leur
« émotion, en voyant se manifester un être
« qui leur est cher, embrassent la table, agis-
« sent comme si elles embrassaient le bâton
« dont un ami se sert pour frapper des coups.
« Il en est de même de celles qui adressent la
« parole à la table, comme si l'Esprit était
« enfermé dans le bois, ou comme si le bois
« était devenu Esprit.

« Lorsque des communications ont lieu par
« ce moyen, il faut se représenter l'Esprit, non
« dans la table, mais à côté, *tel qu'il était de son*
« *vivant*, et tel qu'on le verrait si, à ce moment,
« il pouvait se rendre visible. La même chose a
« lieu dans les communications par l'écriture ;
« on verrait l'Esprit à côté du médium, dirigeant

« sa main ou lui transmettant sa pensée par un
« courant fluidique.

« Lorsque la table se détache du sol et flotte
« dans l'espace sans point d'appui, l'Esprit ne
« la soulève pas à force de bras, mais l'enve-
« loppe et la pénètre d'une sorte d'atmosphère
« fluidique qui neutralise l'effet de la gravita-
« tion, comme le fait l'air pour les ballons et les
« cerfs-volants. Le fluide dont elle est pénétrée
« lui donne momentanément une légèreté
« spécifique plus grande. Lorsqu'elle est clouée
« au sol, elle est dans un cas analogue à celui de
« la cloche pneumatique sous laquelle on fait le
« vide. Ce ne sont ici que des comparaisons
« pour montrer l'analogie des effets, et non la
« similitude absolue des causes (*Livre des mé-*
« *diums*, ch. IV).

« On comprend, d'après cela, qu'il n'est pas
« plus difficile à l'Esprit d'enlever une personne
« que d'enlever une table, de transporter un
« objet d'un endroit à l'autre : ces phénomènes
« se produisent par la même loi.

« Lorsque la table poursuit quelqu'un, ce
« n'est pas l'Esprit qui court, car il peut rester
« tranquillement à la même place, mais il lui
« donne l'impulsion par un courant fluidique, à
« l'aide duquel il la fait mouvoir à son gré.

« Lorsque des coups se font entendre dans la
« table ou ailleurs, l'Esprit ne frappe ni avec sa
« main, ni avec un objet quelconque ; il dirige

« sur le point d'où part le bruit un jet de
« fluide qui produit l'effet d'un choc électrique.
« Il modifie le bruit comme on peut modifier les
« sons produits par l'air.

« Il y a le phénomène des apports, phéno-
« mène très réel, mais qu'il ne convient d'ac-
« cepter qu'avec une extrême réserve, car c'est
« un de ceux qui se prêtent le plus à l'imitation
« et à la jonglerie. L'honorabilité irrécusable de
« la personne qui les obtient, son désintéresse-
« ment absolu matériel et *moral* et le concours
« des circonstances accessoires, doivent être
« prises en sérieuse considération. Il faut sur-
« tout se défier de la trop grande facilité avec
« laquelle de tels effets sont produits et tenir
« pour suspects ceux qui se renouvellent trop
« fréquemment et pour ainsi dire à volonté.

« Le soulèvement d'une personne est un fait
« non moins positif, mais beaucoup plus rare,
« peut-être parce qu'il est plus difficile de
« l'imiter. Il est notoire que M. Home s'est plus
« d'une fois élevé jusqu'au plafond. On dit
« que saint Cupertain avait la même faculté, ce
« qui n'est pas plus miraculeux pour l'un que
« pour l'autre.

« Un phénomène très fréquent, c'est l'apti-
« tude de certains médiums à écrire dans une
« langue qui leur est étrangère ; à traiter par la
« parole ou l'écriture des sujets hors de la
« portée de leur instruction. Il n'est pas rare

« d'en voir qui écrivent couramment sans avoir
« appris à écrire; d'autres qui font de la poésie
« sans avoir su faire un vers de leur vie ; d'autres
« dessinent, peignent, sculptent, composent de
« la musique, jouent d'un instrument sans con-
« naître le dessin, la peinture, la sculpture ou
« la science musicale. Il est très fréquent qu'un
« médium écrivain reproduise, à s'y méprendre,
« l'écriture et la signature que les Esprits qui se
« communiquent par lui avaient de leur vivant,
« quoiqu'ils ne les aient jamais connus.

« L'aptitude des choses qui lui sont étrangères
« tient souvent aussi aux connaissances qu'on
« a possédées dans une autre existence et dont
« l'Esprit a conservé l'intuition. »

Depuis la mort d'Allan Kardec, le mouvement spirite s'est propagé, des savants ont étudié, des manifestations éclatantes se sont produites en sa faveur, et de l'étude des faits, il résulte que son domaine s'est encore agrandi. De ces deux humanités qui ne cessent de se pénétrer, il est sorti des lumières nouvelles. Les adeptes de la Doctrine se multiplient, apportant au mouvement nouveau chacun sa pierre ou son diamant. Le temple s'édifie lentement, mais majestueusement ; ses pierres fondamentales sont la science et la Vérité. Il monte, laissant dans l'ombre les sectes avec leur attirail poudreux de dogmes surannés. Et c'est lui qui étendra son manteau de lumière sur les générations à venir, les en-

eloppant toutes dans la même foi et la même
harité.

« Ne demandez plus, dit Léon Denis, le bien
« moral et religieux à une doctrine d'oppres-
« sion et d'épouvante. Laissez à l'esprit humain
« son libre essor vers la lumière et l'espace.
« Tout rayon d'en haut est une émanation de
« Dieu, qui est le soleil éternel des âmes. »

Qui pourrait ne pas croire au Spiritisme, après
voir étudié la Doctrine et les manifestations
les Esprits ? Il faut bien que l'homme orgueil-
eux convienne qu'il est des choses en dehors
le la portée de son rayon visuel, (nous avons
éjà parlé de l'infiniment petit et de l'infiniment
rand). Il ne peut être assez vain pour nier Dieu,
arce que Dieu ne tombe pas sous ses sens
ornés. Il en est de même pour l'âme. Si celle-
i se manifeste partout autour de lui, nous le
conjurons de ne pas fermer volontairement les
eux à ces manifestations, car là est la révélation
de la Vie supérieure des êtres, le pourquoi de
l'existence terrestre, la science du lendemain
de la mort.

Plus nous avançons dans le temps et plus
nous découvrons de choses : la physique, la
chimie, l'application de l'électricité ont fait d'immenses progrès. Il y a une vingtaine d'années,
William Crookes découvrait l'état radiant de la
matière, en faisant des expériences psychiques ;

et l'état radiant établi nous amenait aux rayons Rœntgen, applicables à la photographie. Ceux-ci pénètrent les corps opaques et reproduisent avec netteté les objets les plus enveloppés.

Si donc des choses enveloppées, cachées, peuvent être reproduites par l'appareil photographique, à combien plus forte raison peut-on établir que la rétine de certains médiums peut être influencée par l'apparition des corps fluidiques étant formés de la matière à un de ses états les plus quintessenciés !

Nous devons ajouter que le périsprit des êtres vivants peut s'extérioriser, autrement dit, sortir du corps, et se manifester à distance du corps lui-même. Cela est prouvé par de nombreux cas d'apparitions de vivants loin du lieu où l'on sait qu'ils sont au moment de leur apparition. Que prouve ce fait, sinon que l'Esprit a une vie qui lui est propre, une vie qui lui appartient spécialement, puisqu'il peut exister sans le corps, tandis que le corps mourrait si l'Esprit tardait trop à se réunir à lui. Alors, puisqu'il peut exister sans le corps, nous pouvons croire à son existence indestructible et immortelle.

« L'extériorisation de l'âme, sa sortie du corps
« vivant est un fait démontré. » — « L'être
« fluidique, l'Esprit sortant du corps vivant peut
« parfois, dans certaines circonstances, aller in-
« fluencer un médium vivant et le faire écrire. »
— « Donc, ainsi que le dit G. Delanne, l'âme

« humaine se dégage sous nos yeux des langes
« de la physiologie dans lesquels on voulait l'em-
« prisonner. Par l'étude de ce qu'elle produit
« déjà ici-bas, pendant les rares instants où
« elle s'émancipe du joug de sa gaîne terrestre,
« nous pouvons soupçonner quels sont ses pou-
« voirs lorsqu'elle plane, haute et sereine, dans
« les régions de cette erraticité qui est sa véri-
« table patrie. »

M. le colonel de Rochas a eu le droit de donner pour conclusion à son beau livre intitulé : *Extériorisation de la Motricité*, les lignes suivantes :

« N'est-elle point la Science par excellence, la
« Science vers laquelle tendent tous ceux qui
« osent porter leurs investigations sur des forces
« de plus en plus subtiles, commencent à en-
« trevoir le moment où l'homme assuré par des
« preuves expérimentales que *de son corps peut
« se détacher pendant la Vie quelque chose qui
« pense et qui sent*, en concluera que ce quelque
« chose peut survivre à la destruction de sa chair,
« et remplacera alors, par une conviction iné-
« branlable, l'acte de foi chancelant que lui dé-
« mandent toutes les religions, pour régler sa
« vie présente en vue d'une vie future. »

(*La Tribune Psychique*,
décembre 1903.)

L'Esprit peut aussi se matérialiser afin que des personnes qui ne sont pas médium puissent aussi le voir. Dans ce cas, il emprunte au médium endormi, autrement dit *en transe*, une partie de ses fluides les plus matériels, et se montre d'abord comme une vapeur condensée, d'où se dégagent peu à peu le visage, les membres, le corps tout entier de l'apparition. Nous en citerons plus loin un cas célèbre.

Une des objections des incrédules, à propos des matérialisations d'Esprits, est celle-ci : pourquoi les faits de cette nature ne se produisent-ils le plus souvent que dans une demi-obscurité ? Cette demi-obscurité prête à la supercherie, parce qu'elle empêche d'établir un contrôle exact. Mais la réponse à cette objection est bien simple, et, en même temps, scientifique ; *c'est que l'action de la lumière dissout les fluides.*

Il y a aussi les phénomènes lumineux qui ne peuvent être aperçus que dans la demi-obscurité.

« En ce qui concerne l'étude des manifesta-
« tions des Esprits, écrit Léon Denis (*Christia-*
« *nisme et Spiritisme*) les spirites se savent en
« bonne compagnie. Les noms illustres de Rus-
« sell Wallace, de Crookes, de Robert Hare, de
« Mapes, Zollner, d'Aksakof, de Boutlerof, de
« Wagner, de Flammarion, ont été souvent
« cités. On voit aussi des savants comme

« M. Myers, le professeur William Janus, de
« l'Université de Harward, le professeur Lodge,
« de Liverpool, le professeur Richet, le colonel
« de Rochas, qui ne considèrent pas ces études
« comme indignes d'eux. Que penser, après cela,
« des accusations de ridicule, de folie ? Que
« prouvent-elles, sinon une chose attristante :
« c'est que le règne de l'aveugle routine persiste
« dans certains milieux. L'homme incline trop
« souvent à juger les choses d'après l'horizon
« étroit de ses préjugés et de ses connaissances.
« Il faut élever plus haut, étendre plus loin ses
« regards, et mesurer sa faiblesse en face de
« l'Univers. On apprendra par là à être modeste,
« à ne rien rejeter ni condamner sans exa-
« men. »

Une théorie qui est souvent opposée au Spiritisme est celle de l'inconscient, du *moi inconscient*. Nous aurions, d'après cette théorie, une sorte de double, inconnu de nous-mêmes, et ce double produirait tous les phénomènes intelligents du Spiritisme.

D'après M. Ch. Richet, le somnambulisme provoqué, la double personnalité ne sont autre chose « que les états divers d'une seule et même
« personnalité ». De même, « l'insconscient
« n'est qu'une forme de la mémoire ; son exis-
« tence est une hypothèse empruntée, pour les
« besoins de l'école matérialiste, à la physiologie
« torturée et déformée ». Enfin, comment les

théoriciens expliquent-ils, avec l'aide de l'inconscient, qui est, soi-disant, en nous, les communications par coups frappés, les apports, les matérialisations ?

« Et pourquoi, demande Léon Denis, ces in-
« conscients cachés dans l'homme, s'ignorant
« eux-mêmes, sont-ils unanimes, au cours des
« manifestations occultes, à se dire les Esprits
« des morts ? »

Il nous reste maintenant, avant de passer aux relations des faits, à parler des médiums.

De ce qu'une communication est vaine ou grossière, il ne faudrait pas en conclure que le médium est vain ou grossier lui-même. Ceci est important. Souvenons-nous que le médium n'est, dans toutes espèces de communications, que l'instrument de l'Esprit qui agit pour son compte personnel. Il s'ensuit qu'un homme ou une femme ayant la meilleure éducation peuvent être les médiums d'Esprits grossiers, tandis qu'un être vulgaire, ou vous paraissant tel, pourrait être celui d'un Esprit élevé.

Nous empruntons la définition des médiums à Allan Kardec (*Livre des médiums*).

« Toute personne qui ressent à un degré
« quelconque l'influence des Esprits est, par
« cela même, médium. Cette faculté est inhé-
« rente à l'homme, et, par conséquent, n'est
« point un privilège exclusif; aussi en est-il

« peu chez lesquels on n'en trouve quelques ru-
« diments. On peut donc dire que tout le monde,
« à peu près, est médium. Toutefois, dans
« l'usage, cette qualification ne s'applique qu'à
« ceux chez lesquels la faculté médianimique
« est nettement caractérisée, et se traduit par
« des effets patents d'une certaine intensité, ce
« qui dépend alors d'une organisation plus ou
« moins sensitive. Il est, en outre, à remarquer,
« que cette faculté ne se révèle pas chez tous de
« la même manière ; les médiums ont générale-
« ment une aptitude spéciale pour tel ou tel
« ordre de phénomènes, ce qui en fait autant de
« variétés qu'il y a de sortes de manifestations.
« Les principales sont : les médiums à effets
« physiques ; les médiums sensitifs ou impres-
« sibles, auditifs, parlants, voyants, somnam-
« bules, guérisseurs, écrivains, pneumato-
« phones.

« La faculté médianimique n'est point par
« elle-même un état pathologique, car elle n'est
« pas incompatible avec une santé parfaite.

« Tous les médiums sont nécessairement
« impressibles, l'impressionnabilité est ainsi
« plutôt une qualité générale que spéciale ; elle
« diffère de l'impressionnabilité purement phy-
« sique et nerveuse, avec laquelle il ne faut pas
« la confondre ; car il y a des personnes qui
« n'ont pas les nerfs délicats et qui ressentent
« plus ou moins l'effet de la présence des

« Esprits. De même que d'autres, très irritables,
« ne les ressentent pas du tout. »

— « Le médium voyant croit voir par les
« yeux, comme ceux qui ont la double vue ;
« mais en réalité, c'est l'âme qui voit, et c'est
« la raison par laquelle ils voient tout aussi bien
« les yeux fermés que les yeux ouverts ; d'où il
« suit qu'un aveugle peut voir les Esprits.

— « Le médium magnétiseur guérit, non-
« seulement par l'effet de son fluide, mais par
« l'action des Esprits qu'il appelle à son aide ;
« ceux-ci augmentent la force et la volonté du
« médium, dirigent son fluide, et lui donnent
« les qualités nécessaires.

— « Si l'on examine certains effets qui se
« produisent dans la table, la corbeille ou la
« planchette qui écrit, on ne peut douter d'une
« action exercée directement par l'Esprit sur ces
« objets. La corbeille s'agite parfois avec vio-
« lence et s'échappe des mains du médium ;
« quelquefois même, elle se dirige vers certaines
« personnes du cercle pour les frapper ; d'autres
« fois, ses mouvements témoignent d'un senti-
« ment affectueux. La même chose a lieu
« lorsque le crayon est placé dans la main ; sou-
« vent, il est lancé au loin avec force, ou bien
« la main s'agite convulsivement et frappe la
« table avec colère, alors même que le médium
« est dans le plus grand calme et s'étonne de
« n'être pas maître de lui. Disons en passant

« que ces effets dénotent toujours la présence
« d'Esprits imparfaits ; les Esprits réellement
« supérieurs sont constamment calmes, dignes
« et bienveillants ; s'ils ne sont pas écoutés con-
« venablement, ils se retirent et d'autres pren-
« nent leur place. L'Esprit peut donc exprimer
« directement sa pensée, soit par le mouve-
« ment d'un objet dont la main du médium
« n'est que le point d'appui, soit par son action
« sur la main elle-même.

— « Pour le médium *intuitif*, la transmission
« de la pensée a lieu par l'intermédiaire de
« l'Esprit du médium, ou mieux, de son âme,
« puisque nous désignons sous ce nom l'Esprit
« incarné. Dans ce cas, l'Esprit agit sur l'âme,
« avec laquelle il s'identifie ; l'âme, sous cette
« impulsion, dirige la main, et la main, le
« crayon.

— « Dans le médium *mécanique*, le mouve-
« ment de la main est indépendant de la volonté.
« Dans tous les cas de médianimité, les mé-
« diums ne peuvent rien si les Esprits s'y refu-
« sent, ce qui prouve l'intervention d'une puis-
« sance étrangère.

— « Les médiums *musicaux* provoquent le
« jeu de certains instruments, sans contact.
« Très rares.

— « Médiums à *apparitions* ou *matérialisa-*
« *tions* ; ceux qui peuvent provoquer des
« apparitions fluidiques ou tangibles, vi-

« sibles pour les assistants. Très exceptionnels.

— « Médiums à *apports* : ceux qui peuvent
« servir d'auxiliaires aux Esprits pour l'apport
« d'objets matériels. Variété des médiums mo-
« teurs et à translations. Exceptionnels.

— « Médiums *pneumatographes* : ceux qui
« obtiennent l'écriture directe. Phénomène très
« rare et surtout très facile à imiter par la jon-
« glerie.

— « Médiums *polygraphes* : ceux dont l'écri-
« ture change avec l'Esprit qui se communique,
« ou qui sont aptes à reproduire l'écriture que
« l'Esprit avait de son vivant. Le premier cas
« est ordinaire ; le second, celui de l'identité de
« l'écriture, est plus rare.

— « Médiums *polyglottes*. Ceux qui ont la fa-
« culté de parler ou d'écrire dans des langues
« qui leur sont étrangères. Très rares. »

— « Médiums illettrés : ceux qui écrivent
« comme médiums sans savoir ni lire, ni écrire
« dans l'état ordinaire. Très rares. »

Nous venons de citer Allan Kardec, l'un des premiers apôtres du Spiritisme en France (1848). Écoutons maintenant quelques déclarations de William Crookes, chargé par la Société Dialectique de Londres de rechercher les fraudes des spirites en Angleterre :

« En présence de pareils phénomènes, les pas
« de l'investigateur doivent être guidés par une

« intelligence aussi froide et aussi peu passion-
« née que les instruments dont il fait usage.
« Ayant une fois la satisfaction de comprendre
« qu'il est sur la trace d'une vérité nouvelle, ce
« seul objectif doit l'animer à la poursuivre,
« sans considérer si les faits qui se présentent à
« ses yeux sont naturellement possibles, ou ne
« le sont pas. »

(W. CROOKES).

Plus tard, il écrit :

« M'étant assuré de la réalité de ces faits, ce
« serait une lâcheté morale de leur refuser mon
« témoignage, parce que mes publications pré-
« cédentes ont été ridiculisées par des critiques
« et autres gens qui ne connaissent rien du
« tout sur ce sujet, et qui avaient trop de pré-
« jugés pour voir et juger par eux-mêmes. Je
« dirai tout simplement ce que j'ai vu, et ce
« qui m'a été prouvé par les expériences répé-
« tées et contrôlées.

« Le spiritualiste parle de corps pesant 50 ou
« 100 livres, qui sont enlevés en l'air sans l'in-
« tervention de force connue ; mais le savant
« chimiste est accoutumé à faire usage d'une
« balance sensible à un poids si petit, qu'il en
« faudrait dix mille comme lui pour faire un
« grain. Il est donc fondé à demander que ce
« pouvoir qui se dit guidé par une intelligence,
« et qui élève jusqu'au plafond un corps

« pesant, fasse mouvoir, sous des conditions
« déterminées, sa balance si délicatement équi-
« librée. »

— « Parmi les remarquables phénomènes qui
« se produisent sous l'influence de M. Home
« (médium) les plus frappants et ceux qui, en
« même temps, se prêtent le moins à l'examen
« scientifique sont : 1° l'altération du poids des
« corps ; 2° l'exécution d'airs sur des instru-
« ments de musique (généralement sur l'ac-
« cordéon, à cause de la facilité de transport)
« sans l'intervention humaine directe, et sous
« des conditions qui rendent impossible tout
« contact et tout maniement des clefs. Ce n'est
« qu'après avoir été fréquemment témoin de ces
« faits, et les avoir scrutés avec toute la profon-
« deur et la rigueur dont je suis capable, que
« j'ai été convaincu de leur véritable réalité. »

— « Attribuer ces résultats à la fraude, dit-il,
« est absurde, car je rappelle que ce que je rap-
« porte ici ne s'est pas accompli dans la maison
« d'un médium, mais dans ma propre maison,
« où il a été tout à fait impossible de rien pré-
« parer à l'avance. Un médium, circulant dans
« ma salle à manger, ne pouvait pas, quand
« j'étais assis dans un autre partie de la cham-
« bre, avec plusieurs personnes qui l'observaient
« attentivement, faire jouer par fraude un accor-
« déon que je tenais dans ma propre main, les
« touches en bas, ni faire flotter ce même accor-

« déon çà et là, dans la chambre, en jouant tout
« le temps. Il ne pouvait pas apporter avec lui un
« appareil pour agiter les rideaux de la fenêtre,
« ou enlever des jalousies vénitiennes jusqu'à
« huit pieds de hauteur ; faire résonner des
« notes à distance sur un piano ; soulever une
« carafe et un verre à pied au-dessus de la table,
« faire dresser sur un de ses bouts un collier de
« corail ; faire mouvoir un éventail et éventer la
« compagnie, ou bien mettre en mouvement
« une pendule enfermée dans une vitrine soli-
« dement scellée au mur. »

Nous ne pouvons mieux terminer cet exposé qu'en copiant ici textuellement un article de la *Revue scientifique et morale du Spiritisme*, écrit en mars 1897, par M. Delanne, répondant à un article de M. d'Ervieux, et intitulé : Vision, Audition, Sensation.

« Notre collaborateur d'Ervieux a exposé,
« dans le dernier numéro de la Revue, une série
« d'hypothèses destinées à expliquer les phéno-
« mènes dits spirites, sans faire intervenir les
« Esprits, c'est-à-dire les âmes désincar-
« nées.

« Désireux de montrer notre impartialité,
« nous avons donné asile à ces conceptions,
« comme nous le ferons pour toutes les opinions
« loyalement exprimées, car nous ne redoutons
« ni la discussion, ni la controverse ; mais nous

« allons énumérer les raisons qui ne nous per-
« mettent pas d'accepter les théories de l'auteur,
« car elles n'expliquent pas les faits spirites tels
« qu'ils ont été constatés.

« M. d'Ervieux admet qu'il peut exister dans
« l'atmosphère des matières très subtiles qui
« emmagasinent et conservent les images de
« tout ce qui a été touché par la lumière. Il
« prend comme exemple la plaque photogra-
« phique qui permet de garder l'image d'un
« phénomène qui ne dure qu'un instant. Cette
« analogie est-elle rationnelle? C'est ce que nous
« allons examiner.

« La lumière est due à un mouvement vibra-
« toire de l'éther. Un corps qui reçoit ces ondu-
« lations les réfléchit d'après des lois connues,
« mais non en totalité ; il en absorbe toujours
« une certaine partie qu'il restitue lentement,
« sous forme de vibrations obscures, non per-
« ceptibles pour l'œil mais dont la présence se
« révèle au moyen de réactifs appropriés. Tant
« que le corps qui a été insolé conserve son
« homogénéité, son image se reproduit par
« rayonnement dans l'espace ambiant ; mais ce
« pouvoir va diminuant de plus en plus, si le
« corps n'est plus soumis à la lumière, ou bien
« l'image réfléchie se fragmente, se subdivise, si
« le corps est divisé en plusieurs morceaux, et,
« à plus forte raison, s'il est réduit en poussière.

« Un corps humain, après la mort, se dissout,

« ses molécules et ses atomes rentrent dans le
« grand laboratoire universel, en sorte que les
« rayons obscurs qu'il avait emmagasinés ont
« été renvoyés dans l'espace, ou se sont trans-
« formés en d'autres mouvements, de telle sorte
« qu'il ne reste plus d'image dans l'atmosphère
« quand ce corps a disparu.

« Y aurait-il dans l'espace une substance qui
« emmagasine ses radiations et en conserve à
« jamais l'empreinte ? Une telle supposition est
« tout à fait gratuite, absolument hypothétique,
« et l'analogie d'une plaque photographique ne
« peut en rien nous servir ici.

« En effet, supposons qu'il existe un fluide qui
« soit impressionné par les ondulations lumi-
« neuses comme les sels d'argent le sont par la
« lumière, ce fluide devrait être répandu dans
« tout l'espace qui entoure la terre, pour en re-
« produire toutes les images. Or, la lumière
« nous venant du soleil et des étoiles, en tra-
« versant ce milieu pour arriver à la terre, agi-
« rait entièrement, complètement sur lui ; elle
« le *voilerait*, comme une plaque photogra-
« phique exposée à la lumière est impres-
« sionnée dans son entier par l'effluve lumi-
« neux. Ce fluide ne pourrait donc ensuite être
« sensible pour la lumière reflétée, d'où première
« impossibilité absolue de la production d'une
« image. Dans la photographie, c'est parce qu'il
« y a une chambre noire, une lentille, en un

« mot, différents appareils qui ne permettent à
« la lumière de ne toucher que certains points
« de la plaque, que l'on peut obtenir une image,
« par comparaison avec les parties non touchées.
« On voit donc qu'il n'y a aucune analogie lo-
« gique entre l'opération photographique et un
« fluide sensible à l'action des rayons lumi-
« neux.

« Pour qu'une image se conserve, il faut qu'elle
« soit attachée à quelque chose de stable, de fixé,
« comme la gélatine étendue sur la glace du
« verre. Un fluide est essentiellement mobile par
« définition, par cela même, incapable de rester
« aggloméré, chacune de ses molécules étant
« animée de mouvements très rapides, dont
« ceux du gaz n'offrent qu'une idée affaiblie.
« Donc, une image cohérente est impossible à
« concevoir dans ces conditions. C'est comme
« si l'on exigeait que les molécules d'un cours
« d'eau gardassent constamment les tableaux
« qu'elles ont reflétés en coulant entre les rives
« qui l'enserrent. Sans doute, les molécules
« superficielles ont bien été impressionnées ;
« mais les distances réciproques entre chacune
« d'elles ont varié perpétuellement, de sorte que
« les rapports ont été modifiés sans interruption :
« d'où impossibilité de reproduire l'image. —
« Que dire alors des couleurs de cette image ?
« Sont-elles reproduites par le même fluide
« hypothétique, ou par d'autres ? Nous con-

« cluons donc que la simple réflection de la lu-
« mière est impuissante à produire une image
« durable, même en supposant un fluide capa-
« ble d'être influencé par cette lumière réflé-
« chie.

« Si nous supposons qu'il émane de nous une
« *matière subtile* à laquelle la volonté imprime
« *une forme*, alors la conservation d'une image
« devient possible et compréhensible. Nous
« avons, dans ce cas, une matière qui a une
« existence propre, une cohésion qui est pro-
« portionnelle à la volonté de l'opérateur, et il
« sera possible de photographier cette pensée,
« comme l'a démontré le commandant Tégrad.
« Mais cette image elle-même n'a qu'une durée
« limitée ; elle ne tarde pas à se dissoudre plus ou
« moins rapidement, pour se transformer en
« d'autres mouvements.

« Appliquons ces données à une apparition.
« Deux cas peuvent se présenter : la vision re-
« produit les traits d'un vivant, ou bien elle re-
« trace l'image d'un être qui a disparu depuis
« un certain temps de notre milieu terrestre.

« 1er Cas. — Lorsque l'on observe l'apparition
« de l'image d'un être incarné, il faut savoir si
« cet homme a voulu consciemment se faire
« voir, autrement dit, s'il a désiré que son image
« extériorisée aille frapper le cerveau du sujet.
« Dans ce cas, il est possible que la pensée de
« l'opérateur, se fixant fortement sur la repré-

« sentation mentale de son image physique,
« puisse lui donner assez de réalité pour la ma-
« térialiser et la projeter jusqu'au cerveau du
« sujet ; c'est là une véritable création fluidique.
« Mais encore faut-il que le cerveau récepteur
« soit apte à recevoir ce genre d'impression,
« sans quoi, il n'y a pas de vision ; à moins que
« celle-ci soit si matérialisée qu'elle devienne
« visible pour les yeux corporels ; dans ce cas,
« elle peut être perçue par d'autres personnes
« que le sujet.

« Ces exemples sont rares ; il faut, pour les
« produire, une très grande force de volonté ou
« un désir intense de l'opérateur. Lorsque cette
« condition n'est pas remplie et que la vision se
« produit sans intervention volontaire, nous
« avons logiquement le droit de l'attribuer à un
« dégagement inconscient de l'âme (1) qui est
« toujours revêtue de son périsprit. C'est le cas
« le plus fréquent des fantômes des vivants.
« Généralement ceux-ci ont des caractères bien
« nets d'objectivité ; ils ouvrent ou ferment les
« portes, parlent, marchent, etc., toutes choses
« qu'une simple image projetée par la volonté ne
« saurait accomplir.

« 2° Cas. — Si l'on constate l'apparition d'une

(1) Inconscient pour l'opérateur à l'état normal, mais connu et voulu par l'âme à l'état second. La mémoire somnambulique, autrement dit de l'état second, est presque toujours ignorée du moi normal.

image qui reproduit les traits d'une personne morte, nous pouvons dire avec certitude que
« c'est l'âme du défunt qui a pu objectiver, ma-
« térialiser suffisamment son enveloppe pour qu'elle devienne visible, soit pour l'œil mo-
« difié physiologiquement, d'un médium, soit
« pour l'œil normal, si la matérialisation est
« plus accentuée. L'identité du défunt se déduit
« des preuves qu'il fournit, soit par des détails
« corporels, soit par des particularités typiques
« de l'habillement.

« On pourrait prétendre que cette image est
« due à la pensée du médium qui l'objective de
« manière à reproduire les traits du mort; mais
« dans presque toutes les observations, on cons-
« tate que la personne qui apparaît n'a jamais
« été connue de ce médium ; elle ne peut donc
« être produite par sa pensée. Quant à supposer
« que c'est par une lecture de pensée du médium
« chez l'opérateur, il suffit de songer combien
« est vague, imprécise l'image d'une personne
« morte, même de celles que nous avons le
« mieux connues, pour comprendre qu'il faudrait
« au médium un prodigieux pouvoir de résur-
« rection pour exhumer de l'inconscient du
« consultant une image réelle, vivante, que lui-
« même ne peut plus y décerner.

« Lorsqu'on étudie ces faits sans parti pris,
« on est obligé de convenir que l'explication
« spirite est la seule logique, qu'elle explique

« tous les cas de dégagement de l'âme pendant
« la vie, et par son immortalité après la désa-
« grégation corporelle.

« Notre collaborateur semble ignorer que
« l'âme est toujours revêtue d'une enveloppe
« périspritale, aussi bien pendant la vie
« qu'après la mort, comme le démontrent les
« expériences de M. de Rochas sur l'extériori-
« sation de la motricité et de la sensibilité,
« comme l'établit l'action des médicaments à
« distance, étudiée par MM. Bourru et Burd,
« Lhuys, etc., et enfin, comme l'affirme la pho-
« tographie simultanée du corps et de son
« double, obtenue à différentes reprises, ainsi
« qu'il est facile de s'en assurer, en lisant le
« beau livre de M. Aksakof : *Animisme et Spiri-
« tisme*. Après la mort, les phénomènes de ma-
« térialisation simultanée de plusieurs formes
« d'esprits avec un seul médium, les empreintes
« dans la terre glaise, dans la paraffine, etc.,
« et les photographies établissent avec une évi-
« dence absolue l'existence du périsprit ; donc,
« toutes les actions dues aux Esprits s'ex-
« pliquent rationnellement, et il est tout à fait
« inutile, pour les comprendre, de recourir aux
« hypothèses nullement fondées de notre colla-
« borateur.

« Ce que nous avons dit pour les images s'ap-
« plique encore avec plus de force à l'étude du
« son qui n'est dû qu'aux vibrations de l'air.

« Elles vont en diminuant avec une rapidité
« infiniment plus grande que les vibrations lu-
« mineuses ; leur conservation est encore plus
« difficile à imaginer si l'on n'a pas un subs-
« tratum matériel qui les ait enregistrées pen-
« dant qu'elles possédaient toute leur énergie
« vibratoire.

« Quant aux mouvements physiques, qui sont
« la forme la plus grossière, la plus lente des
« déplacements matériels, elle ne saurait se
« concevoir en aucune façon, si elle n'est atta-
« chée à une personnalité.

« Un fait qui aurait dû appeler l'attention de
« notre collaborateur, c'est qu'en supposant
« même une série de substances fixatrices, les
« unes de la lumière, les autres du son, une
« troisième du mouvement, il faudrait, dans le
« cas d'une apparition qui cause et se déplace,
« que les empreintes laissées par cette personne
« dans l'espace vinssent s'associer les unes aux
« autres, dans le même corps, ce qui est tout à
« fait impossible puisqu'elles ont des mouve-
« ments vibratoires différents, et qu'elles se sont
« dispersées toutes à des distances énormes
« dans l'espace, à raison de 300.000 kilo-
« mètres par seconde, pour les vibrations lumi-
« neuses, au fur et à mesure de leur pro-
« duction. Ce serait un prodige beaucoup
« plus surprenant, beaucoup plus étrange et
« beaucoup plus difficile à imaginer que la

« pure et simple survivance du moi conscient.

« Quant à la stupidité prétendue des mani-
« festations, nous sommes encore à la chercher,
« après vingt ans d'expérimentation. Est-ce à
« cause des mouvements de table par lesquels
« on communique avec l'Au-Delà ? Ils ne sont
« pas plus ridicules que de causer au téléphone
« devant une planchette, et se servir d'un
« manipulateur de Morse, pour transmettre une
« dépêche. Est-ce au point de vue des attou-
« chements des séances obscures ? En quoi ces
« phénomènes sont-ils stupides ? Une mère re-
« vient embrasser son enfant, un fils, son père,
« une épouse, son mari, où voyez-vous là quel-
« que chose de bête ? Nous y trouvons les
« marques les plus tendres de l'attachement
« et des preuves que le grandiose sentiment de
« l'amour a survécu au déchirement de la
« tombe. Croyez-nous, c'est une noble et sainte
« stupidité que celle-là, et nous souhaitons que
« ces manifestations se produisent le plus sou-
« vent possible ; elles auront pour résultat de
« changer la face du monde, d'établir que nos
« affections sont indestructibles, et que, selon
« la parole de l'Ecclésiaste : « L'amour est plus
« fort que la mort. »

⁎
⁎ ⁎

« E pur si muove ! »

GALILÉE.

« Les forces dont la connaissance nous échappe seraient suffisantes pour créer l'Univers. »

W. CROOKES.

« Les morts sont les invisibles, mais ils ne sont pas les absents. »

VICTOR HUGO.

« Mes investigations, écrit le D^r. Gibier, dans
« son livre *Analyse des choses,* me permettent
« d'être un peu plus hardi que jadis, et c'est
« grâce à elles que je puis aujourd'hui affirmer
« aux psychologues, s'ils consentaient à expé-
« rimenter avec des médiums bien doués et
« honnêtes, qu'ils trouveront la preuve de la
« persistance de la conscience de l'être humain
« dans la période postérieure à cette dernière
« fonction qui s'appelle la mort.

— « Que l'on retienne ceci : C'est que le
« monde qui ne se voit pas est le reflet de ce-
« lui que nous croyons connaître. »

Présentons donc ici des faits venant à l'appui
de notre Doctrine, certifiés par les gens les plus

honorables, ou connus et expérimentés par nous-
même.

Nous séparerons ces faits en deux catégories :
celle des faits spontanés, pressentiments, apparitions, se produisant sans la moindre évocation de la pensée ; et celle des faits obtenus à
l'aide de médiums et après évocations.

Le monde est plein de récits de pressentiments, d'avertissements, d'apparitions au moment de la mort d'êtres chers ou seulement
connus.

Des cas de télépathie, des coups frappés sur
les meubles, des portes ou des fenêtres s'ouvrant
sans contact apparent, des voix entendues, des
ombres aperçues, ou même des personnes parfaitement reconnues se présentant à la vue,
tous ces faits abondent, et il n'est pas de famille qui ne possède une histoire de revenants.

Nous empruntons les récits suivants à l'organe du « Progrès spirite » :

Preuves de la Survie
(de *l'Echo du Merveilleux*).

Le jeudi, 5 décembre dernier, mourait à l'hospice de Beaumont de Romagne une bonne
sœur de Saint-Vincent de Paul : on la nommait
sœur Joséphine.

Depuis quarante-cinq ans, elle appartenait à
la communauté de cette ville, où elle s'est spécialement consacrée au service des malades.

C'est en soignant une personne atteinte d'une affection cancéreuse qu'elle contracta le terrible mal qui devait, après plusieurs années de cruelles souffrances, la conduire au tombeau.

Le vendredi, jour de ses obsèques, je m'étais rendu à l'hospice, vers les quatre heures, et je m'entretenais avec la supérieure, quand tout à coup, une sœur (celle précisément qui a remplacé la défunte dans son office auprès des malades) se présenta à nous, la figure bouleversée par une émotion profonde.

Voici ce qu'elle nous raconta :

Elle se trouvait au pied de l'escalier qui conduit à la chambre où sa compagne était morte, quand elle entendit, venant de cette pièce, trois coups violents presque aussitôt suivis de trois autres. Elle n'en éprouva aucune émotion, car elle fut persuadée qu'une de ses compagnes se trouvait dans la chambre mortuaire. Soudain, deux nouveaux coups retentirent. Très impressionnée, elle courut appeler un domestique et monta avec lui dans l'appartement d'où le bruit était venu : il était vide ; les sœurs vaquaient chacune à leur office habituel. Comme la chambre en question est située à l'extrémité de l'hospice, un mur mitoyen sépare l'escalier qui y donne accès de la maison voisine habitée par un vieux charpentier. On voulut savoir si les coups n'avaient pas été frappés là. Le charpentier interrogé répondit qu'il n'avait pas travaillé cet après-midi.

Tel est le premier fait : par lui-même et pris isolément, il peut paraître sans importance ; mais le second est plus étonnant.

Le soir de ce même jour, à quelques heures de là, un pauvre infirme, hospitalisé dans la maison, sortait de la chapelle sur le coup de six heures et se dirigeait vers la chambre qu'il occupe, dans une aile de l'établissement. Pour s'y rendre, il devait traverser un petit jardinet et s'engager ensuite dans un corridor obscur. Ce jeune homme a les jambes inertes et ne se meut qu'à l'aide de béquilles spéciales formées d'une base rectangulaire dont les quatre montants vont en se resserrant jusqu'à la poignée. Prosper, — c'est son nom, — a l'habitude de se retirer sans lumière. Il ne connaît guère la peur. Il s'en allait donc par le jardin, obscur à cette heure, quand il se sentit comme frôlé par quelqu'un qui passait. Etait-ce une sœur ou un pensionnaire de la maison ? Il ne se le demanda même pas et ne s'inquiéta de rien. Le jardin traversé, il s'engage dans le corridor. A peine a-t-il fait quelques pas qu'il sent ses muscles raidis et que ses mains se refusent à faire mouvoir les béquilles.

« Je crois que je vais m'évanouir », dit-il tout haut, se parlant à lui-même. Après un instant d'attente, il peut avancer de deux pas ; mais à ce moment, il se sent absolument arrêté; malgré ses efforts, il ne peut soulever ses béquilles. Il n'a pas peur, il croit qu'un de ses camarades, logé dans le même quartier, a posé le pied sur la base de la béquille, pour l'empêcher d'avancer. Cependant, il commence à s'émouvoir, à cause de l'impossibilité où il est de parler pour dire à son camarade Éloi, auteur supposé de la plaisanterie, de cesser cette farce.

Tout à coup, sa main est comme électrisée, (c'est sa propre expression); il ressent le chaud contact d'une main étrangère; en même temps, une voix résonne à son côté et prononce ces mots : « Priez pour les âmes du Purgatoire qui souffrent. » Ces paroles ont été dites et perçues d'une manière très distincte, quoique le son allât en diminuant, comme si la voix, tout en parlant, se fût éloignée très vite. Les deux derniers mots : *qui souffrent* se sont éteints dans une proclamation traînante et plaintive bien faite pour augmenter la terreur de Prosper. Celui-ci est glacé d'épouvante. Ayant retrouvé l'usage de ses mains et de ses béquilles il fuit au plus vite par où il est venu et tombe presque évanoui dans la chapelle où les sœurs sont encore en prières. On s'empresse, on lui fait boire un cordial généreux pour le remettre. Son émotion avait été si forte que, le lendemain, il dut garder le lit et qu'on lui fît prendre le baume des chutes, remède usité dans le cas d trouble profond. Prosper ne raconta qu'à la sœur ce qui venait de lui arriver.

Ce n'est pas tout encore, voici le plus étrange : le lendemain matin, samedi 7 décembre, la sœur supérieure m'ayant mis au courant de ce qui s'était passé, il fut convenu entre nous qu'on n'en parlerait à personne. Le dimanche, un de mes vicaires se rend à l'hospice pour donner la bénédiction du Saint-Sacrement à cinq heures 1/2. Ce jeune prêtre ignorait les faits que je viens de relater. Prosper, qui est son pénitent, ne se juge pas obligé au secret à son égard et lui raconte tout. L'abbé prend la chose en riant, raille doucement celui qu'il regarde comme un halluciné, et, son service fini, s'en retourne au presbytère et rentre dans sa chambre. Quelle n'est pas alors sa stupéfaction de voir étalé, bien en évidence, sur son bureau, un carré de papier de la grandeur d'une demi-feuille écolier, sur lequel sont écrits les mots entendus par Prosper : « Priez pour les âmes du Purgatoire qui souffrent. »

Bouleversé, le vicaire accourt chez moi, me raconte sa conversation avec Prosper et son incrédulité à ce récit ; puis, place sous mes yeux la feuille qui porte les mots d'outre-tombe. Le papier sur lequel ils sont écrits se trouvait au fond d'un cartable d'où l'auteur de l'écriture avait dû l'extraire. Il porte au verso des notes d'histoire romaine prises par l'abbé quand il était au petit séminaire. L'écriture tracée au recto est ferme, il n'y a pas de point sur les i ni d'accent circonflexe sur le mot âme. Les sœurs de l'hospice croient y reconnaître le coup de plume de leur compagne décédée.

Je n'ose me prononcer. Ce qui est certain, c'est que, d'une part, l'abbé ignorait entièrement, quand il a quitté sa chambre, les phénomènes de l'hospice, et, d'autre part, personne en son absence n'a pénétré chez lui. Je m'en porte garant. Dans la demi-heure écoulée entre sa sortie et sa rentrée, je n'ai point, moi, quitté ma chambre, devant laquelle il faut nécessairement passer pour arriver chez le vicaire. J'aurais certainement entendu les pas de quiconque aurait marché devant la porte.

Voilà les faits. Au point de vue catholique, la *possibilité* d'une manifestation de l'âme de sœur Joséphine ne fait aucun doute. Mais *pourquoi* se serait-elle manifestée ainsi ? Sœur Josépline a enduré son terrible mal avec une si admirable patience que les sœurs lui disaient souvent qu'elle faisait son purgatoire sur la terre et qu'elle irait au ciel tout droit. C'est peut-être pour activer le zèle des bonnes sœurs que Dieu a permis cette manifestation extraordinaire. Quant à Prosper, qui est très pieux, il avait passé de longues heures auprès du corps exposé de sœur Joséphine, mais priait moins pour elle qu'il ne l'invoquait, ayant une telle estime de ses vertus et de ses mérites qu'il l'appelait vénérable et lui demandait d'intercéder pour lui auprès de Dieu. En se manifestant à lui, et en affirmant au confesseur du bon infirme la réalité de cette manifestation, sœur Joséphine a voulu sans doute obtenir le secours de leurs suffrages et les nôtres.

Quoi qu'il en soit, les faits que je vous rapporte sont incontestables et mon récit est l'expression scrupuleusement exacte de la vérité.

L. CLAVÉ. Vicaire-Régent,
à Beaumont de Lomagne (Tarn-et-Garonne).

Ces phénomènes *d'outre-tombe*, ainsi que les nomme l'abbé qui les décrit, se produisant dans un hospice, au milieu de religieuses, et émanant d'une d'entre elles, le lendemain même de sa mort, devraient bien faire réfléchir le clergé catholique, qui s'acharne à ne voir dans les manifestations spirites que l'œuvre du Démon. Quant à la croyance au *Purgatoire*, elle n'a rien d'étonnant de la part d'un Esprit qui vient à peine de quitter son corps, et qui, pendant plus d'un demi-siècle, a vécu dans cette croyance. On conviendra que si sœur Joséphine avait été retenue dans un lieu de punition tel que le purgatoire catholique, elle n'eut pu se manifester, comme elle l'a fait ici-bas, d'une manière si positive et si probante. Et si elle souffre encore dans l'Au-delà, malgré « ses mérites et ses vertus », malgré la confession, l'absolution et le repentir de ses fautes, c'est la preuve que la Doctrine spirite est vraie et que nous sommes jugés dans l'autre monde selon nos actes, non d'après la religion que nous avons embrassée.

N. D. L. R.

Comment je me suis reconnu médium.

Récit tiré du « Progrès Spirite »,

20 novembre 1902.

Il y a quatre ans, je ne savais rien du Spiritisme.

M'occupant exclusivement de mon ménage, je ne consacrais que très peu de temps à la lecture, et quoique j'eusse parfois entendu parler de *tables tournantes*, de *révélations des Esprits*, etc., je prêtais si peu d'attention aux propos concernant les phénomènes, à la réalité desquels je ne croyais guère, qu'il ne me fût jamais venu à la pensée de lire une œuvre quelconque traitant de pareilles matières.

. . . .

A cette époque un ami de la famille, que mon mari et moi affectionnions beaucoup, tomba malade.

La maladie n'avait rien de bien grave, d'après

les lettres que nous écrivait sa femme. Et pourtant nous sentions, mon mari et moi, une insurmontable inquiétude à son sujet, comme un funeste pressentiment.

Une nuit, vers onze heures et demi, nous entendîmes très distinctement frotter une allumette à la boîte déposée à côté du lit, où nous venions de nous mettre à peine.

Je me levai, j'éclairai la bougie, et, ayant fait le tour de la chambre sans rien découvrir d'anormal, je dis à mon mari : Nous allons sûrement apprendre une mauvaise nouvelle.

Effectivement, le lendemain, en l'absence de mon mari, qui était parti le matin pour les Alpes, je reçus une dépêche m'annonçant que M. M..., notre ami en question, était mort la nuit précédente à onze heures et demie.

Depuis ce jour, je ne cessai, pendant six mois, de voir chaque nuit cet ami en rêve. Et ce qui est étonnant, c'est que mon mari le voyait comme moi, dans les mêmes conditions et dans les mêmes circonstances.

Enfin, un matin, je m'étais levée de bonne heure pour vaquer aux soins du ménage (vers les cinq heures).

C'était en été, il faisait grand jour. Comme j'ouvrais la fenêtre du salon, j'aperçus, sur le trottoir en face, un monsieur debout qui, mélancoliquement, me regardait. Je fut saisie d'étonnement. Ce monsieur ressemblait à s'y méprendre à cet ami mort depuis six mois, qui nous visitait en songe chaque nuit.

Son regard devint même si troublant pour moi que je fermai la persienne, me contentant de le regarder à travers le vasistas.

Décidément, si je n'avais été certaine de son décès, j'aurais salué cet étrange sosie de notre ami.

Quand mon mari se leva, je lui fis part de cette apparition.

« Bah ! me répondit-il, c'est quelqu'un qui ressemble à M. M... » Et il ne fut plus question de l'aventure.

Le lendemain, dans la matinée, comme nous étions dans la cuisine, mon mari et moi, j'aperçus tout à coup dans la rue, descendant du tramway, le même personnage qui, la veille, jetait ses regards sur notre fenêtre.

« Tiens ! dis-je promptement à mon mari, regarde donc ! voilà le monsieur que j'ai vu hier. »

Mon mari resta stupéfait devant cette ressemblance frappante avec notre ami M...

« Si j'allais l'interpeller ? » fis-je à mon mari.

— Allons donc ! tu es folle ! puisque tu sais que M. M... est mort ! c'est quelqu'un qui lui ressemble étrangement, c'est vrai, mais ce n'est là qu'une ressemblance...

Je n'insistai pas. Le monsieur, d'ailleurs, avait fait son chemin, et s'était éclipsé au loin dans la rue. Mais je me promis qu'à la première occasion, j'irais contenter ma curiosité.

Le lendemain, je revenais de faire mon marché sur les allées du *Prado*. Comme je traversais la place Castellane, je vois venir à moi, débouchant de la rue de Rome, la même personne qui s'avançait d'un pas rapide et résolu. « Ah ! fis-je mentalement, cette fois, il faut que je l'aborde ! » Et, résolument, je me dirigeai vers elle. Elle-même, d'ailleurs, venait vers moi, comme si elle avait eu à me parler.

J'étais environ à un mètre cinquante de l'inconnu et j'ouvrais la bouche pour l'interpeller, lorsque brusquement il s'évanouit ! Plus personne devant moi ! Je demeurai la bouche ouverte, interdite et sous le coup d'une émotion qui répandit dans mon être un froid glacial et provoqua en moi un tremblement nerveux, comme dans un accès de fièvre.

Je rentrai précipitamment chez moi. J'étais pâle, la figure bouleversée. Mon mari, membre du corps médical, était occupé à soigner une cliente. Il s'aperçut de ma pâleur.

« Qu'as-tu ? » fit-il, subitement inquiet lui-même.

Alors, sans me préoccuper de la personne qu'il

soignait, je racontai vivement tout ce qui venait de m'arriver.

Il faut croire que mon trouble était extrême, car la cliente de mon mari s'écria aussitôt :

— Mon Dieu ! Madame, remettez-vous. Il n'y a rien là que de très naturel. Ce qui vous est arrivé est une *apparition*, comme il s'en manifeste d'autres. C'est bien, croyez-le, votre ami lui-même qui vous est apparu, et vous devez être médium sans vous en douter.

— Qu'est-ce que c'est qu'un médium ? répondis-je, absolument ignorante d'une science dont je ne soupçonnais que vaguement l'existence.

Mme X***, que je connaissais, d'ailleurs, depuis longtemps, comme cliente de mon mari, ne nous avait jamais fait part de sa faculté de médiumnité.

En nous déclarant qu'elle était elle-même médium, elle voulut bien me donner quelques explications succinctes, et me promit de les compléter, le dimanche suivant, chez elle, au cours d'une séance de spiritisme, où elle nous pria d'assister.

Nous nous rendîmes à son invitation. L'esprit de notre ami M... se manifesta aussitôt, par l'intermédiaire de la table. Il déclara que j'étais médium, mais que je n'obtiendrais de communications qu'à la condition de m'astreindre, pendant six mois, à consacrer à la table un quart d'heure par jour.

Je suivis à la lettre les prescriptions de notre ami, et la table, désespérément muette jusqu'au bout, s'anime le dernier jour et me transmit *ma première communication.*

F. G.

Récits de nos Correspondants.

Progrès Spirite.

Toulouse, 26 juin 1902.

« Cher Monsieur de F. E. C.

« Il y a bien longtemps que je veux vous écrire, et mes opérations multiples me laissent si peu de liberté que, sans cesse, je remets au lendemain ma correspondance.

« Vos articles divers du *Progrès Spirite* m'avaient fait projeter de vous adresser le récit d'un fait unique, mais certain et bien caractérisé, dont j'ai été témoin, chez moi, en 1889.

« La page 88, 1re colonne de votre dernier numéro, m'ayant remis en mémoire une chose que j'ai redite et à laquelle j'ai pensé bien souvent, je vais vous la noter ici d'abord :

« Vers l'âge de 6 ans environ, étant atteinte de la petite vérole, je ne voulais pas rester couchée ; mes grands-parents, avec lesquels je vivais alors, et qui supportaient tous mes caprices d'enfant, me tenaient, par précaution, auprès d'un bon feu, dans une grande bergère, au centre de plusieurs oreillers.

« Quand je fus rétablie, je disais souvent à ma grand'mère que je chérissais : *quand je serai grande, toi, tu seras petite*, alors, je te soignerai comme tu m'as soignée, je te mettrai dans un grand fauteuil.

« Sans que l'on me l'eût dit, sans avoir aucune idée de réincarnation, en mon jeune âge, je me suis figurée longtemps qu'on était alternativement jeune et vieux.

« Voici maintenant le fait survenu en 1889.

« A peu près ruinée par le Krack de l'Union Générale, ma mère est venue passer chez moi les trois dernières années de sa vie. Elle mourut à 88 ans, le 11 novembre 1888.

« Etant devenue ardente catholique, je me serais bien gardée, à son âge avancé, de contrarier ses idées religieuses en lui parlant des miennes qui, d'ailleurs, étaient encore récentes ; mais environ un mois avant sa mort, je ne sais par qui elle fut informée que j'étais spirite.

« Un soir, elle m'aborda en me disant :

« — On m'a dit que tu étais spirite. »

« Je répondis d'un signe affirmatif, car elle était fort sourde.

« — Oh ! mon enfant, tu as changé de religion ! Quant à moi, je suis catholique, et devrait-on me couper le cou, je resterai catholique. »

« Je gardai le silence.

« Un instant après, elle reprit :

« — Qu'est-ce que c'est que d'être spirite ? »

« Pour éviter de me fatiguer en paroles inutiles, je *criai* simplement : « C'est croire à l'immortalité de l'âme. »

« Avec un parti pris bien marqué, elle me répondit :

« — Je n'y crois pas ! Je n'y crois pas ! »

« J'eus beau insister, *crier* quelques explications, elle me quitta, disant toujours : « Je n'y crois pas ! Je n'y crois pas ! »

« Quelque temps après son décès, je m'éveillai un matin, m'entendant appeler très fort et très distinctement : « Mathilde ! » Ouvrant les yeux, et la porte de communication ouverte, j'aperçus ma mère assise sur sa chauffeuse habituelle, près de la cheminée, en face de mon lit. Ce fut durant une 1/2 minute, et la vision disparut.

« J'ai pensé depuis que ce pouvait être un rêve.

« En septembre 1889, ainsi que les années précédentes, ma famille, *grands et petits*, vint chez moi passer les vacances ; ils étaient souvent douze.

« Le soir, on faisait des jeux dehors ou dedans, pour amuser les petits. Comme on partit 4 ou 5 jours avant la rentrée des classes, fixée le 3 octobre, je puis donc être sûre que je restai complètement seule les derniers jours de septembre.

« Or, il arriva qu'à ma première soirée de tranquillité, j'entendis craquer les meubles, puis, plus fortement et très distinctement, le lit qu'avait occupé ma mère. Je pensai que ces craquements devaient être habituels et que les jeux, les cris des enfants, le bruit de tous m'avaient empêchée de rien entendre jusqu'à ce jour.

« A ma deuxième veillée, des bruits encore plus marqués devenant inquiétants, je regardai sous le lit avec une bougie, mais sans rien découvrir. Le lendemain, même bruit, même visite ; de plus, je soulevai un matelas et cela pendant plusieurs soirs de suite, m'entêtant à croire que quelque animal d'un certain volume, mulot ou serpent, devait être la cause de ce vacarme, car le bruit intermittent prenait chaque soir plus d'intensité. On aurait pu croire qu'on s'amusait à casser des branches de figuier ou autre arbre de 2 à 3 centimètres de diamètre. Puis il semblait aussi qu'un être, pour lequel le lit n'était pas assez long, s'étirait les jambes et le corps, de façon à faire craquer, tomber même le panneau du lit. Quand je me levais subitement pour mieux examiner, le bruit cessait immédiatement.

« Mes soirées étaient occupées dans cette pièce à lire et à écrire ; j'étais troublée à chaque instant et détournée de mon travail, mais, fort intriguée du résultat et de la cause, je ne pouvais me décider à quitter mon poste avant minuit.

« Enfin, me suis-je dit un soir, si c'était ma mère qui, après m'avoir nié la survivance, voulut faire tout ce bruit pour m'affirmer qu'elle vit !

« En même temps que j'avais cette pensée, le panneau du lit fit un craquement tellement énorme que je crus qu'il tombait et que je m'écriai vivement : « Est-ce toi ? ».

« Un silence troublant, mais instantané, a succédé depuis à ce long tapage. Nous étions au 20 décembre. Les bruits avaient donc persisté environ 2 mois et 20 jours.

« M. L. Denis, à qui j'ai conté le fait, depuis, en lui faisant visiter le lieu, pense ce que j'en pense.

« En dehors de ce fait, je n'ai jamais rien vu qui ait pu fixer mon attention ; je ne puis même donner un avis sur les tables dites tournantes ou parlantes ; mais ce que je vous raconte sur ces feuilles, je puis l'affirmer comme certain.

« Voilà, monsieur et F. E. C., ce dont, depuis plusieurs mois, j'avais le projet de vous informer en lisant vos articles, qui, pour ainsi dire, m'y invitaient.

« Je serais désireuse de voir ou d'entendre par moi-même une partie au moins des choses merveilleuses dont nous entretiennent les feuilles spirites, mais par pure curiosité et non pour *affermir ma foi* en l'immortalité et en la réincarnation qui s'appuie sur les plus raisonnables motifs.

« Agréez, cher monsieur et F. E. C., mes fraternelles salutations,

« Mathilde Chalande. »

Un de nos amis, mort, sur le coup, d'un terrible accident de chemin de fer, il y a environ 3 ans, fut rapporté chez lui dans des circonstances terrifiantes pour sa jeune veuve et ses enfants.

Pendant la veillée funèbre de la nuit qui suivit auprès du pauvre corps martyrisé, Mme P***, la veuve, ainsi qu'une femme de garde auprès d'elle, entendirent une vieille pendule abandonnée depuis longtemps, et reléguée au grenier, sonner sans interruption, pendant deux heures consécutives.

M. Moreau.

Etant au bord de la mer, dans une maison louée à l'effet d'y passer un mois, avec mon père et une de mes amies, je fus presque témoin d'un incident qui me parut alors fort mystérieux. Cette jeune fille qui résidait à sept lieues de l'endroit où nous nous trouvions alors, témoignait depuis quelques jours d'une certaine impatience de se retrouver chez elle, parce que, disait-elle, une de ses amies, dangereusement malade lorsqu'elle l'avait quittée, devait désirer la revoir. Cependant, nous insistions, de notre côté, pour garder Mlle C*** le plus longtemps possible au bord de la mer. Un soir (nous venions à peine de nous mettre au lit) j'entendis tout à coup Mlle C*** jeter un cri d'effroi, et dire vivement à la domestique :

— Mon Dieu ! Reine, que vous me faites peur !

— Mademoiselle, répondit tranquillement Reine, dont la voix partait du coin de l'appartement où elle était couchée, ce n'est pas moi, je n'ai pas bougé d'ici.

Sur ce, on fit de la lumière, et, très effrayée, Mlle C*** nous raconta qu'elle avait vu, au pied de son lit, une femme vêtue de blanc.

Le lendemain même, nous apprenions la mort de l'amie de Mlle C***. Elle avait cessé de vivre la veille au soir, à l'heure même ou le phénomène d'apparition s'était produit.

(Ce fait a été envoyé à Camille Flammarion, par le père de Mme Moreau — M. Orieux.)

Une dame me racontait dernièrement le fait suivant :

« J'habitais Tours, où mon mari était assez souffrant d'une maladie de cœur ; cependant, rien ne faisait présager une fin prochaine. Un soir, un ancien ami de mon père, M. Tournier, fervent spirite, arriva inopinément du quartier éloigné où il demeurait.

« Je fus étonnée de cette visite inattendue.

« La soirée se passa bien ; et notre vieil ami, M. Tournier, dit en s'en allant : « Je suis content d'être venu, je vois que vous allez tous bien ».

« Trois jours après, mon mari mourait subitement de sa maladie de cœur.

« M. Tournier me raconta plus tard que, le jour de sa dernière visite à mon mari, mon père lui était apparu et lui avait dit : « Tournier, si vous voulez voir mon gendre une dernière fois, il faut aller au plus tôt chez lui. » Tournier, obéit aussitôt à ce conseil ; mais, en trouvant mon mari relativement bien portant, il crut avoir été le jouet d'une hallucination. Malheureusement, il n'en était rien, et le fait justifia l'apparition ».

M. Moreau.

Voici un passage tiré d'un ouvrage de M. Oxon, professeur d'Oxford.

« Le 10 février 1874, nous fûmes attirés par un triple frappement, nouveau et tout particulier, sur la table, et nous reçûmes un récit long et circonstancié de la mort, de l'âge, — même les mois et les petits noms, quatre pour deux d'entre eux, et trois pour l'autre, — de trois petits êtres, enfants du même père, à qui ils avaient été enlevés subitement par la mort. Nul de nous n'avait connaissance de ces noms, peu communs. Ils étaient morts dans un pays éloigné, l'Inde, et quand le message nous fut donné, nous n'avions aucun moyen apparent de vérification. Cette révélation fut cependant vérifiée, peu de temps après, d'une singulière manière.

« Le 28 mars de la même année, je rencontrai, pour la première fois, M. et Mme A. Watts, dans la maison de M. Cowper-Temple, docteur médecin. Notre conversation roula rapidement sur l'évidence des phénomènes psychiques. Je racontai plusieurs faits, entre autres celui de ces trois enfants. Mme Watts fut très frappée de ce récit, qui correspondait, dans son esquisse, avec une pénible histoire qu'elle avait récemment entendue. Le lundi d'avant, M. et Mme Watts avaient dîné chez une vieille amie, Mme Leaf, et avaient appris d'elle l'histoire d'une perte douloureuse qu'avait faite le parent d'une connaissance de Mme Leaf. Ce gentleman, résidant dans l'Inde, avait, dans un court espace de temps, perdu sa femme et trois enfants. Mme Leaf était entrée dans de grands détails tristes, mais n'avait fait aucune mention des noms ni du lieu de ce douloureux événement. En racontant l'incident des trois jeunes enfants qui avaient communiqué avec moi, je donnai les noms et le lieu, tels qu'ils avaient été fournis par le message. Mᵐᵉ Watts se chargea de s'informer auprès de Mᵐᵉ Leaf des particularités du récit que celle-ci lui avait fait, ce qu'elle fit les jours suivants, et les noms étaient les mêmes.

« Je dus à l'obligeance de Mᵐᵉ Watts de faire la connaissance de Mᵐᵉ Leaf, et je fus très impressionné de la parfaite coïncidence de chaque détail qu'elle me donna sur les faits en question. »

(Oxon est le pseudonyme du Révérend Stainton Moses, professeur à l'Université d'Oxford.)

M. Oxon, se trouvant un jour à Shanklin, île de Wight, au mois d'août 1874, avait organisé, avec M. le docteur Spur et sa dame, des séances assez régulières. Un Esprit vint se communiquer un jour sous le nom d'Abraham Florentine. La table qui servait aux expériences semblait être, dit le narrateur, dans un état de grande surexcitation ; ses pieds frappaient avec violence, en sorte que la conversation différait du mode habituel, car c'était plutôt au moyen de coups résonnant dans le bois que nous communiquions généralement. Cet Esprit déclarait être décédé à Brooklyn (New-York), le 5 août 1874, à l'âge de 83 ans, 1 mois et 17 jours, et avoir pris part à la guerre de 1812.

M. Epes Sargent, à qui cet incident fut communiqué, l'envoya au *Banner of Light*, qui, le 12 décembre, demanda si quelqu'un pourrait fournir des renseignements à ce sujet.

A peine ce numéro de journal avait-il paru que l'éditeur recevait de M. Wilson Millar, à Washington, l'avis que le nom d'Abraham Florentine existait sur les tableaux dressés pour les soldats de 1812 qui avaient des réclamations à faire, et qu'en s'adressant au bureau de l'Adjudant de l'Etat de New-York on pourrait obtenir de plus amples renseignements. Ayant écrit à cet effet à l'adjudant Général, la Rédaction a reçu cette réponse :

ETAT DE NEW-YORK
Quartier général
DÉPARTEMENT
de
L'ADJUDANT-GÉNÉRAL.

Albany, le 25 janvier 1875.

« En réponse à votre communication du 22 janvier, je viens vous donner les renseignements suivants, qui sont extraits des archives du gouvernement :

« Abraham Florentine, simple soldat de la compagnie du Capitaine Nicole, 1er Régiment de la Milice de New-York, colonel Dodge, s'était engagé le 2 ou vers le 2 septembre 1812 ; après avoir servi pendant trois mois, il obtint un congé honorable. On lui accorda une concession de terrain. Ces détails ressortent des déclarations faites sous serment par le soldat et non des registres officiels.

« Très respectueusement,

« Franklin Townsend,
adjudant général.

Cette note ayant été publiée, le docteur Crowel, qui connaissait M. Oxon, eut encore l'obligeance de faire des démarches en vue d'obtenir des détails supplémentaires.
Consultant l'indicateur de Brooklyn et y trouvant le nom d'Abraham Florentine, domicilié 119, Koscinsko street, il se rendit à cette adresse et fut reçu par Mme Florentine, qui, sur les questions qu'il lui posa, lui dit que son mari était mort le 5 août précédent et qu'il avait eu 83 ans le 8 juin auparavant; qu'il était, de son vivant, d'un caractère emporté, et que, pendant une année, au moins, qu'il avait dû garder le lit, il avait beaucoup souffert.
Tout ce qui avait été dit à Shanklin était donc rigoureusement vrai, à ce seul détail près que Mme Florentine donnait à son mari 83 ans, 1 mois et 27 jours, tandis que l'Esprit s'attribuait 10 jours de moins d'existence. Mais cette légère différence n'infirme en rien le résultat des autres renseignements confirmés.

Voici les conclusions de M. Oxon quant à ce fait et à l'importance qu'il lui attribue :

« En ce qui me concerne personnellement, j'ai été très heureux de voir mes recherches couronnées de succès. Je n'ai jamais mis en doute que nous arriverions à éclaircir cette affaire, comme nous l'avions fait en mainte autre occasion ; mais le principal a été pour moi de pouvoir constater la justesse des déductions que j'avais tirées de la manière insolite dont cette communication avait été faite.

La véhémence des coups, le mode de correspondance employé et qui était, pour nous, entièrement nouveau, le sérieux incontestable de l'Esprit et l'obstination qu'il avait mise à se faire entendre, étaient des plus remarquables.

« Il y a dans le caractère de la preuve singulièrement significative que nous avons obtenue à cette occasion, une démonstration si évidente du retour de ceux qui nous ont quittés, qu'elle ne peut manquer de fournir aux lecteurs matière aux plus sérieuses réflexions. Un fait positif, c'est que *nul d'entre nous n'avait jamais entendu parler d'Abraham Florentine* ; nous n'avions pas d'amis en Amérique chargés de nous donner des nouvelles de ce qui se passait, et lors même que nous en aurions eu, ils n'auraient certainement pas parlé d'une circonstance qui ne nous intéressait en aucune façon. En terminant, *j'affirme de nouveau, dans l'in-*

térêt de la vérité, que le nom, aussi bien que les faits, nous étaient entièrement inconnus à nous trois. »

Il n'y a pas de théorie, en dehors du spiritisme, qui puisse expliquer de tels phénomènes ; ils sont la preuve la plus certaine de l'immortalité de l'âme et des communications de ceux qu'on s'obstine à appeler les morts, alors qu'ils sont parfaitement vivants.

Le Phénomène Spirite,
par Gabiel Delanne.

Le capitaine Wheatcroft.

La nuit du 14 au 15 novembre 1857, la femme du capitaine Wheatcroft, habitant Cambrigde, rêva qu'elle voyait son mari, encore dans l'Inde. Elle s'éveilla immédiatement et, levant les yeux, elle aperçut la même figure debout auprès de son lit. Le capitaine apparaissait dans son uniforme, les mains posées sur la poitrine, les cheveux en désordre, la face très pâle. Ses larges yeux noirs étaient fixés droit sur elle ; leur expression était celle d'une grande émotion, et il y avait une contraction spéciale de la bouche, habituelle à cet officier lorsqu'il était troublé. Elle le vit, même dans chaque détail particulier de sa toilette, aussi distinctement qu'elle l'avait jamais vu durant sa vie.

La figure sembla se pencher en avant comme si elle eût été en peine, et faire un effort pour parler, mais nul son ne se fit entendre. Elle resta visible, pense la dame, l'espace d'une minute, puis elle disparut. Mᵐᵉ Wheacroft ne se rendormit point cette nuit. Le matin suivant, elle conta tout cela à sa mère, exprimant sa croyance que le capitaine était tué ou blessé.

Après le temps nécessaire, un télégramme fut reçu, annonçant que l'officier avait été tué devant Lucknow, le 15 novembre. La veuve informa M. Wilkinson, l'avoué de son mari, qu'elle avait été tout à fait préparée à la fatale nouvelle, mais qu'elle était *sûre qu'il y avait une erreur d'un jour* dans la date de la mort; M. Wilkinson, obtint alors du ministère de la Guerre un certificat ainsi conçu :

MINISTÈRE DE LA GUERRE   30 janvier 1858.

N° 9579

« Ceci est pour certifier qu'il paraît, d'après les rapports au ministère, que le capitaine G. Wheatcroft, du 6ᵉ dragons-gardes, a été tué dans l'action du 15 novembre 1857. »

Signé : « B. Hawes. »

Or, un remarquable incident se présenta. M. Wilkinson était en visite à Londres, chez un ami dont la femme avait eu toute sa vie perception d'apparitions, pendant que son mari était *médium*. Il leur racontait la vision de la veuve du capitaine et découvrait la figure comme elle apparut à cette dame, lorsque Mᵐᵉ W. dit subitement : « Ce doit être la même personne que je vis, lorsque nous parlâmes de l'Inde. »

En réponse aux questions de M. Wilkinson, elle dit qu'elle avait obtenu, par l'intermédiaire de son mari, une communication de cette personne, qui lui avait annoncé qu'elle venait d'être tuée dans l'Inde cet après-midi, par une blessure à la poitrine. Il était environ neuf heures du soir; elle ne recueillit point la date. En cherchant davantage, elle se souvint d'avoir été interrompue par un fournisseur et d'avoir soldé une facture ce soir-là ; et, en soumettant le reçu à l'inspection de M. Wilkinson, on constata qu'il portait la date du *quatorze* novembre.

En mars 1858, la famille du capitaine Wheatcroft reçut du capitaine G. C. une lettre datée de Lucknow 29 décembre 1857, où cet officier disait qu'il se trouvait à côté du capitaine Wheatcroft, lorsque celui-ci était tombé, et que c'était le *quatorze* dans *l'après-midi*, et non pas le 15, comme le relataient les dépêches de sir Colin Campbell. Le défunt, avait été frappé dans la poitrine par un fragment de bombe.

On l'avait enterré à Dikaoska, et sur une croix de bois, plantée au chevet de la tombe, avaient été gravées les initiales G. W. et la date de la mort, 14 novembre.

Le ministère de la guerre corrigea son erreur. M. Wilkinson obtint, en avril 1859, une autre copie du certificat et la trouva conçue dans les mêmes termes que celle déjà donnée, sauf que le 14 novembre avait été substitué au 15.

M. Owen tient les faits complets *directement des parties elles-mêmes*. La veuve du capitaine Wheatcroft examina et corrigea son manuscrit, et lui montra une copie de la lettre du capitaine C.; M. Wilkinson fit de même, et Mme W. lui raconta elle-même les faits qui s'étaient offerts à elle. M. W. avait aussi détaillé ces circonstances, avant les investigations de M. Owen, à M. Howit, comme le mentionne celui-ci dans son *Histoire du Surnaturel*, p. 225 du vol. II. M. Owen déclare, en outre, qu'il a en sa possession les deux certificats du ministère de la guerre, le premier montrant la date erronée, le second la donnant corrigée.

Dans ce cas, nous avons la même apparition, se présentant la même nuit à deux dames inconnues et éloignées l'une de l'autre; la communication, obtenue par une troisième peronne, *désignant le moment* et le genre de mort, et le tout coïncidant exactement avec es éventualités survenues à bien des milliers e lieues de distance. Nous présumons avec Vallace, que des *faits* aussi bien certifiés ne seront pas discutés, et pour attribuer tout cela à une coïncidence, il faudrait certainement un trop grand effort de crédulité, même pour des incrédules.

Il résulte donc des expériences précédentes, la preuve rigoureuse de la communication des Esprits. Nous constatons aussi que la transmission de la pensée ne peut être invoquée dans ces expériences; que seule, la doctrine Spirite en offre une solution simple et rationnelle, en attribuant ces communications aux âmes désincarnées.

G. Delanne,
Le Phénomène Spirite.

Aksakof,
Animisme et Spiritisme.

Passons maintenant à des faits cherchés, provoqués, étudiés, répondant à des évocations.

Citons d'abord le cas très touchant de Mme de Girardin visitant, à l'aurore du spiritisme nouveau, Victor Hugo à Jersey; écoutons parler Auguste Vacquerie.

« Etait-ce sa mort prochaine (Mᵐᵉ de Girardin se savait fort malade) dit-il, qui l'avait tournée vers la vie extra-terrestre? Elle était très préoccupée des tables parlantes, son premier mot fut si j'y croyais. Elle y croyait fermement, quant à elle, et passait ses soirées à évoquer les morts. Sa préoccupation se reflétait, à son insu, jusque dans son travail; le sujet de la *joie fait peur*, n'est-ce pas un mort qui revient ? Elle voulait absolument qu'on crût avec elle, et le jour même de son arrivée, on eut de la peine à lui faire attendre la fin du dîner; elle se leva dès le dessert et entraîna les convives dans le *parlour* où ils tourmentèrent une table, qui resta muette. Elle rejeta la faute sur la table « dont la forme carrée contrariait le fluide ». Le lendemain, elle alla acheter elle-même, dans un magasin de jouets d'enfants, une petite table ronde à un seul pied terminé par trois griffes, qu'elle mit sur la grande et qui ne s'anima pas plus que la grande. Elle ne se découragea pas et dit que les Esprits n'étaient pas des chevaux de fiacre qui attendaient patiemment le bourgeois, mais des êtres libres et volontaires qui ne venaient qu'à leur heure. Le lendemain, même expérience et même silence. Elle s'obstina, la table s'entêta. Elle avait une telle ardeur de propagande qu'un jour, dînant chez des Jersiais, elle leur fit interroger un guéridon, qui prouva son intelligence en ne répondant pas à des Jersiais. Ces insuccès répétés ne l'ébranlèrent pas ; elle resta calme, confiante, souriante, indulgente à l'incrédulité ; l'avant-veille de son départ, elle nous pria de lui accorder, pour son adieu, une dernière tentative. Je n'avais pas assisté aux tentatives précédentes ; je ne croyais pas au phénomène et je ne voulais pas y croire. Je ne suis pas de ceux qui font mauvais visage aux nouveautés ; mais celle-là prenait mal son temps et détournait Paris de pensées que je trouvais au moins plus urgentes. J'avais donc protesté par mon abstention. Cette fois, je ne pus pas refuser de venir à la dernière épreuve, mais j'y vins avec la ferme résolution de ne croire que ce qui serait trop prouvé.

Mme de Girardin et un des assistants, celui qui voulut, mirent leurs mains sur la petite table. Pendant un quart d'heure, rien, mais nous avions promis d'être patients ; cinq minutes après, on entendit un léger craquement du bois ; ce pouvait être l'effet d'une pression involontaire des mains fatiguées ; mais bientôt, ce craquement se répéta, et puis une agitation fébrile. Tout à coup, une des griffes du pied se souleva. Mme de Girardin dit : — « Y a-t-il quelqu'un ? S'il y a quelqu'un et qu'il veuille nous parler, qu'il frappe un coup. » La griffe retomba avec un bruit sec. « Il y a quelqu'un, s'écria Mme de Girardin, faites vos questions. »

On fit des questions et la table répondit. La

réponse était brève, un ou deux mots au plus, hésitante, indécise, quelquefois inintelligible. Etaient-ce nous qui ne la comprenions pas ? Le mode de traduction des réponses prêtait à l'erreur ; voici comment on procédait : on nommait une lettre de l'alphabet, a, b, c, etc., à chaque coup de pied de la table ; quand la table s'arrêtait, on marquait la dernière lettre nommée. Mais souvent la table ne s'arrêtait pas nettement sur une lettre ; on se trompait, on notait la précédente ou la suivante ; l'inexpérience s'en mêlant le moins possible, pour que le résultat fût moins suspect, tout s'embrouillait. A Paris, Mme de Girardin employait, nous avait-elle dit, un procédé plus sûr et plus expéditif ; elle avait fait faire exprès une table avec un alphabet à cadran et une aiguille qui désignait elle-même la lettre. — Malgré l'imperfection du moyen, la table, parmi des réponses troubles, en fit qui me frappèrent.

Je n'avais encore été que témoin ; il fallut être acteur à mon tour ; j'étais si peu convaincu, que je traitai le miracle comme un âne savant à qui l'on fait deviner « la fille la plus sage de la société » ; je dis à la table : « Devine le mot que je pense. » Pour surveiller la réponse de plus près, je me mis à la table moi-même, avec Mme de Girardin. La table dit un mot ; c'était le mien. Ma coriacité n'en fut pas entamée. Je me dis que le hasard avait pu souffler le mot à

Mme de Girardin et Mme de Girardin le souffler à la table ; il m'était arrivé moi-même, au bal de l'Opéra, de dire à une femme en domino que je la connaissais, et comme elle me demandait son nom de baptême, de dire au hasard un nom qui s'était trouvé le vrai ; sans même invoquer le hasard, j'avais très bien pu, au passage des lettres du mot, avoir, malgré moi, dans les yeux ou dans les doigts un tressaillement qui les avait dénoncées. Je recommençai l'épreuve ; mais pour être certain de ne pas trahir le passage des lettres, ni par une pression machinale, ni par un regard involontaire, je quittai la table et je lui demandai, non le mot que je pensais, mais sa traduction. La table dit : « Tu veux dire *souffrance*. » Je pensais *amour*.

Je ne fus pas encore persuadé. En supposant qu'on aidât la table, la souffrance est tellement le fond de tout, que la traduction pouvait s'appliquer à n'importe quel mot que j'aurais pensé. *Souffrance* aurait traduit *grandeur*, *maternité*, *poésie*, *patriotisme*, etc., aussi bien qu'*amour*. Je pouvais donc encore être dupe, à la condition que Mme de Girardin, si sérieuse, si généreuse, si amie, mourante, eût passé la mer pour mystifier des proscrits.

Bien des impassibles étaient croyables avant celui-là ; mais j'étais déterminé à douter jusqu'à l'injure. D'autres interrogèrent la table et lui firent deviner leur pensée ou des incidents connus d'eux seuls ; soudain, elle sembla s'impatienter de ces questions puériles ; elle refusa de répondre, et, cependant, elle continua de s'agiter comme si elle avait quelque chose à dire. Son mouvement devint brusque et volontaire comme un ordre : « Est-ce toujours le même Esprit qui est là ? » demanda Mme de Girardin. La table frappa deux coups, ce qui, dans le langage convenu, signifiait non. « Qui es-tu, toi ? La table répondit le nom d'une morte, vivante dans tous ceux qui étaient là.

Ici, la défiance renonçait ; personne n'aurait eu le cœur ni le front de se faire devant nous un tréteau de cette tombe. Une mystification était déjà bien difficile à admettre, mais une infamie ! Le soupçon se serait méprisé lui-même. Le frère questionna la sœur qui sortait de la mort pour consoler l'exil ; la mère pleurait, une inexprimable émotion étreignait toutes les poitrines ; je sentais distinctement la présence de celle qu'avait arrachée le dur coup de vent. Où était-elle ? Nous aimait-elle toujours ? était-elle heureuse ? Elle répondait à toutes les questions, ou répondait qu'il lui était interdit de répondre. La nuit s'écoulait et nous restions là, l'âme clouée sur l'invisible apparition. Enfin, elle nous dit : Adieu, et la table ne bougea plus.

Le jour se levait, je montai dans ma chambre, et, avant de me coucher, j'écrivis ce qui venait de se passer, comme si ces choses-là pouvaient être oubliées ! Le lendemain, Mme de Girardin n'eut plus besoin de me solliciter, c'est moi qui l'entraînais vers la table. La nuit encore y passa. Mme de Girardin partait au jour, je l'accompagnai au bateau, et, lorsqu'on lâcha les amarres, elle me cria : « Au revoir ». Je ne l'ai pas revue, mais je la reverrai...

Dr GIBIER,
Le Spiritisme.

Au sujet des écritures obtenues à l'aide de médiums, Léon Denis narre le fait suivant : « Quand le célèbre romancier anglais, Ch. Dickens, mourut, il laissait un roman inachevé : « Le mystère d'Edwin Drood » ; seul le premier volume était achevé. Le second volume fut écrit en sept mois, avec l'aide d'un médium, jeune mécanicien illettré de 18 ans. Le médium ne connaissait pas le premier volume, encore manuscrit. Le second volume s'adaptait parfaitement au premier. A n'en pas douter, il fut écrit sous la dictée de Charles Dickens. »

(Consulter pour de plus amples détails du fait le livre d'Aksakof : *Animisme et Spiritisme*, p. 326 et suivantes.)

Exemple de médium voyant.

Un monsieur, M. F. G. D. Boston, demeurant en ce moment à Saint-Louis, se trouvait dans son cabinet de travail, lorsqu'il vit le fantôme de sa sœur unique, morte depuis neuf ans. C'était au milieu du jour, pendant qu'il écrivait; elle était auprès de lui, avec une telle apparence de vie, qu'il crut que c'était réellement sa sœur, et l'appela par son nom.

M. F. G. D. Boston avait pu scruter chaque détail de son habillement et de sa figure, et remarquer particulièrement une ligne, une égratignure, sur le côté droit de la figure. Cette vision l'avait impressionné à ce point qu'il prit le premier train, pour aller chez son père et sa mère et leur dire ce qu'il avait vu. Son père fut tenté de tourner en ridicule sa croyance à quoi que ce soit de surnaturel; mais en entendant mentionner l'égratignure, la mère faillit s'évanouir, et lui dit, les larmes aux yeux: « C'est moi qui, *après sa mort,* ait fait par maladresse cette égratignure au visage de ma très chère fille, égratignure que j'avais soigneusement cachée avec de la poudre; n'ayant confié ce détail à âme qui vive, personne ne pouvait le savoir ».

G. Delanne,
Le Phénomène Spirite.

Exemple de médium auditif.

Voici un cas emprunté aux *Phantasmes of the living.*

Un jeune vicaire du Yorkshire, âgé de 19 ans, se trouvait à Invercaxde, dans la Nouvelle-Zélande. Il avait rencontré sur le bateau qui l'y avait conduit un jeune homme qu'il avait connu comme matelot ; il convint d'aller avec lui et quelques autres faire une excursion dans l'île de Ruapuke et d'y rester un jour ou deux pour pêcher et pour chasser ; ils devaient se lever le lendemain matin à quatre heures pour profiter de la marée et franchir l'écueil ; il promit d'appeler à temps le vicaire, lequel alla se coucher de bonne heure, avec l'intention bien arrêtée de les accompagner, cela ne faisait aucun doute dans son esprit.

En montant l'escalier, le vicaire crut entendre une voix lui dire : « N'allez pas avec ces hommes. » Il n'y avait personne autour de lui, et néanmoins, il demanda : « Pourquoi ? » La voix, qui semblait partir de l'intérieur de la chambre, lui répondit avec fermeté : « Vous ne devez pas y aller. » Ces mots lui furent répétés après une seconde question. « Alors, demanda-t-il, comment pourrai-je m'en dispenser puisqu'ils viendront m'appeler ? » Distinctement et plus fortement encore, la voix répondit : « Il faut fermer votre porte à clef. » En arrivant à sa chambre, il s'aperçoit qu'il y a une forte serrure qu'il ne se rappelait pas y avoir vue ; quoique déterminé à faire son excursion (c'était son habitude de se conduire à tous hasards), dès lors, il se sentit ébranlé, eut le pressentiment d'un péril mystérieux, et, après beaucoup d'hésitations, ferma sa porte à clef et se coucha.

Le lendemain, vers trois heures, la porte fut violemment secouée, frappée à coups de pieds ; mais quoique éveillé, il ne dit mot, et enfin, les hommes s'en furent en jurant et en criant. Vers neuf heures du matin, le vicaire, se levant pour déjeuner, l'hôtelier lui demande s'il avait appris ce qui venait d'arriver. On lui raconta que le bateau parti pour Ruapuke avait chaviré sur l'écueil, et que tous les passagers s'étaient noyés ; quelques-uns des cadavres furent rejetés sur le rivage le jour même ; les autres, un jour ou deux plus tard. Le narrateur termine ainsi : « Si j'avais été avec eux, au mépris de l'avertissement donné, sans aucun doute, je serais mort avec mes compagnons de pêche et de chasse. »

Un ami nous raconta ce qui suit :

« Dans une réunion intime où nous faisions du spiritisme expérimental, l'Esprit d'un jeune ouvrier se communiqua tout à coup, disant qu'il venait de mourir.

« Ce jeune homme était très connu des maîtres de la maison qui, cependant, ignoraient sa mort.

« Si c'est bien l'Esprit de ***, dit le maître de la maison, donne-nous une preuve d'identité ».

Aussitôt, les serrures de l'appartement se mirent à grincer, comme si quelqu'un les démontait.

« Or, l'Esprit qui se communiquait était celui d'un serrurier. »

Exemples d'apports.

Voici un exemple dont M. Wallace se porte garant :

« Le trait le plus remarquable de la médiumnité de cette dame (Miss Nicholl, maintenant Mme Guppy) est la production (1) de fleurs et de fruits dans une chambre close : la première fois que cela eut lieu, ce fut chez moi-même, à l'époque où les facultés de miss N. n'étaient encore que peu développées. Tous les assistants étaient de nos intimes. Le médium était d'abord venu pour le thé, — l'on était au milieu de l'hiver, — et avant que les fleurs apparussent, elle était restée avec nous quatre heures durant dans une chambre très chaude et éclairée au gaz. Le fait essentiel est que, sur une table nue, dans une petite pièce close et obscure (la salle voisine et le passage étant bien éclairés), une quantité de fleurs apparurent, qui ne s'y trouvaient pas quand nous avions baissé le gaz

---

(1) Le mot production est impropre, c'est apport qu'il faut lire.

quelques minutes auparavant. C'étaient des anémones, des tulipes, des chrysanthèmes, des primevères de Chine et plusieurs espèces de fougères. Toutes étaient absolument fraîches, comme si elles venaient d'être cueillies dans une serre. Un fin givre les recouvrait. Pas un pétale n'était ni brisé ni froissé, pas une des plus délicates pointes ou pinnules des fougères n'était hors de place.

« Je séchai et conservai tout, en y attachant l'attestation que j'avais obtenue de tous les assistants, comme quoi ils n'avaient nullement contribué, autant qu'ils pouvaient le savoir, à apporter ces fleurs dans la chambre. Je crus à l'époque, et je crois encore, qu'il était absolument impossible à miss N. de les avoir cachées si longtemps, de les avoir gardées si parfaites, et, par-dessus tout, de les avoir recouvertes tout à fait d'une très jolie couche de rosée exactement semblable à celle qui s'amasse à l'extérieur d'un verre à boire lorsque, par une journée brûlante, il est rempli d'eau glacée ».

La compétence particulière d'Alfred Wallace rend cette observation des plus précieuses, car il est difficile qu'une jeune fille, dans les conditions indiquées, ait pu en imposer au sagace et illustre naturaliste.

Poursuivons :

« Des phénomènes similaires ont eu lieu des *centaines de fois* depuis, en maintes maisons et dans les conditions variées. Parfois les fleurs ont été amoncelées sur la table en amples quantités. Souvent des fleurs et des fruits demandés sont apportés. Un mien ami demanda un soleil, et une de ces fleurs, haute de 6 pieds, tomba sur la table, avec une solide masse de terre autour de ses racines. Une des épreuves les plus frappantes eut lieu à Florence, en présence de M. T. Adolphus Trollope, Miss Blagden et le colonel Harvez.

« La chambre fut fouillée par les gentlemen, Mme Guppy fut déshabillée et rhabillée par Mme Trollope, chaque pièce de sa vêture étant examinée. M. et Mme Guppy furent tous deux fermement étreints pendant qu'on se tint à la table.

« Après dix minutes environ, toute la compagnie s'écria qu'on sentait des fleurs, et lorsqu'on alluma une bougie, on trouva que les bras de Mme Guppy et M. Trollope étaient couverts de jonquilles, qui emplissaient la chambre de leur parfum. M. Guppy et M. Trollope rapportent tous deux ce fait dans des termes qui sont, en substance, identiques.

(*Rapport de la Société dialectique sur le Spiritualisme.* V. pp. 277 et 372.)

G. DELANNE,

Le Phénomène Spirite.

Passage de la Matière à travers la matière.

Voici un récit de l'illustre chimiste (W. Crookes) qui met, en quelque sorte, le fait de la désagrégation (de la matière) en évidence.

« Le cas que je vais rapporter eut lieu à la lumière, un dimanche soir, en présence de M. Home et de quelques membres de ma famille seulement. Ma femme et moi, nous avions passé la journée à la campagne, et nous en avions rapporté quelques fleurs que nous avions cueillies. En arrivant à la maison, nous les remîmes à une servante pour les mettre dans l'eau. M. Home arriva bientôt après, et, tous ensemble, nous nous rendîmes dans la salle à manger. Quand nous fûmes assis, la servante apporta les fleurs qu'elle avait arrangées dans un vase. Je les plaçai au milieu de la table, dont la nappe fut enlevée. C'était la première fois que M. Home voyait ces fleurs.

« Après avoir obtenu plusieurs manifestations, la conversation vint à tomber sur certains faits qui ne semblaient pouvoir s'expliquer qu'en admettant que la matière pouvait réellement passer à travers une substance solide. A ce propos, le message qui suit nous fut donné alphabétiquement : « Il est impossible « à la matière de passer à travers la matière,

« mais nous allons vous montrer ce que nous pouvons faire. »

« Nous attendîmes en silence. Bientôt une apparition lumineuse fut aperçue planant sur le bouquet de fleurs ; puis, à la vue de tout le monde, une tige d'herbe de Chine, de 15 pouces de long, qui faisait l'ornement du centre du bouquet, s'éleva lentement du milieu des autres fleurs et ensuite descendit sur la table en face du vase, entre ce vase et M. Home. En arrivant sur la table, cette tige d'herbe ne s'y arrêta pas, mais elle passa droit à travers, et tous nous la vîmes bien jusqu'à ce qu'elle l'eût entièrement traversée.

« Aussitôt après la disparition de l'herbe, ma femme, qui était assise à côté de M. Home, vit, entre elle et lui, une main qui venait de dessous la table et qui tenait la tige d'herbe, dont elle la frappa deux ou trois fois sur l'épaule, avec un bruit que tout le monde entendit, puis elle déposa l'herbe sur le plancher et disparut. Il n'y eut que deux personnes qui virent la main ; mais tous les assistants aperçurent le mouvement de l'herbe. Pendant que ceci se passait, tout le monde pouvait voir les mains de M. Home placées tranquillement sur la table en face de lui. L'endroit où l'herbe disparut était à 18 pouces de l'endroit où étaient ses mains. La table était une table de salle à manger à coulisses, s'ouvrant avec une vis : elle n'était pas à rallonges, et la réunion des deux parties formait une étroite fente dans le milieu. C'est à travers cette fente que l'herbe avait passé. Je la mesurai et je trouvai qu'elle avait à peine 1/8 de pouce de large. La tige de cette herbe était beaucoup trop grosse pour qu'elle pût passer à travers cette fente sans se briser ; et cependant, nous l'y avons vue passer sans peine, doucement, et, en l'examinant ensuite, elle n'offrait pas la plus légère marque de pression ou d'érosion. »

L'affirmation de l'Esprit, au sujet de la désagrégation de la matière, ne nous semble pas absolument exacte, car voici les expériences de Zoëlner, dans lesquelles il semble bien que cette désagrégation a eu réellement lieu :

Une expérience véritablement démonstrative eut lieu un jour. Dans une corde lisse, dont les deux bouts étaient scellés sur la table avec de la cire portant le cachet de M. Zoëlner, des nœuds furent formés au bout de quelques minutes d'imposition des mains par Slade, les cachets étant restés intacts.

Puis deux bandes de cuir, jointes seulement par les bouts, également scellées avec de la cire, se trouvent nouées ensemble quand M. Zoëlner soulève les mains qui les couvraient.

« Je tenais mes mains sur les bandes de cuir, dit M. Zoëlner : Slade, qui se trouvait à ma gauche, plaça sa main droite sur les miennes. Au bout de quelques minutes, je sentis un mouvement des bandes sous mes mains.

« Trois coups furent frappés dans la table, et, quand j'ôtai mes mains, les deux bandes de cuir se trouvaient nouées ensemble. »

GABRIEL DELANNE,
Le Phénomène Spirite.

Apparitions lumineuses.

M. Crookes résume ainsi ses observations :

« Ces manifestations, étant un peu faibles, exigent, en général, que la chambre ne soit pas éclairée. J'ai à peine besoin de rappeler à mes lecteurs que dans de pareilles conditions j'ai pris toutes les précautions convenables pour éviter que l'on m'en imposât par de l'huile phosphorée ou par d'autres moyens. Bien plus, beaucoup de ces lumières étaient d'une nature telle que je n'ai pu arriver à les imiter par des moyens artificiels. »

— « J'ai vu un nuage lumineux flotter au-dessus d'un tableau. *Toujours sous les conditions de contrôle le plus rigoureux*, il m'est arrivé plusieurs fois qu'un corps solide, phosphorescent, cristallin, a été mis dans ma main par une main qui n'appartenait à aucune des personnes présentes. En pleine lumière, j'ai vu un nuage lumineux planer sur un héliotrope placé sur une table à côté de nous, en casser une branche et l'apporter à une dame ; et, dans quelques circonstances, j'ai vu un nuage semblable se condenser sous nos yeux, en prenant la forme d'une main ; et transporter de petits objets. Mais cela appartient plutôt à la classe des phénomènes qui suivent :

« On sent parfois des attouchements de mains pendant des séances noires ou dans des conditions où l'on ne peut les voir. Plus rarement j'ai vu ces mains. Je ne donnerai pas des exemples où les phénomènes se sont produits dans l'obscurité, mais je choisirai simplement quelques-uns des cas nombreux où j'ai vu ces mains en pleine lumière.

« Une petite main d'une forme très belle s'éleva d'une table à manger et me donna une fleur; elle apparut, puis disparut à trois reprises différentes, en me donnant toute facilité de me convaincre que cette apparition était aussi réelle que ma propre main. Cela se passa à la lumière dans ma propre chambre, les pieds et les mains du médium étaient tenus par moi pendant ce moment...

« Dans une autre circonstance, une petite main et un petit bras, semblables à ceux d'un enfant, apparurent, se jouant sur une dame qui était assise près de moi. Puis l'apparition vint à moi, me frappa sur le bras et tira mon habit.

« Une autre fois, un doigt et un pouce furent vus arrachant les pétales d'une fleur qui était à la boutonnière de M. Home et les déposant devant plusieurs personnes qui étaient près de lui.

« Nombre de fois, moi-même et d'autres personnes avons vu une main pressant les touches d'un accordéon pendant qu'au même moment nous voyions les deux mains du médium qui, quelquefois, étaient tenues par ceux qui étaient auprès de lui ».

Ecoutons maintenant un fragment d'un discours du Dr Bayol, au Congrès spirite et spiritualiste internationnal de 1900.

« Toutes mes expériences datent du 1er janvier 1899 au 6 septembre 1900, elles se sont passées dans ce laps de temps, comme je vous l'ai dit hier. J'ai été amené à m'occuper de ces phénomènes parce qu'un médium m'a indiqué que ma mère était malade, et que j'ai pu arriver à temps pour la guérir.

« Toutes les expériences que j'ai faites, je les ai faites en suivant les procédés indiqués par les maîtres du Spiritisme: Allan Kardec, Léon Denis, G. Delanne.

« Je suis arrivé à Arles où l'on m'avait parlé d'un médium qui s'appelait Michel Regardier, employé des Chemins de fer dans les Bouchesdu-Rhône, âgé de 26 à 27 ans, d'une intelligence assez vive, et ayant fait des études complètes ; ce médium a une faculté presque unique.

« Nous avons fait ces expériences dans un endroit d'une poésie charmante qu'on appelle les Aliscamps. C'est là que sont enterrés des chrétiens disparus, dans un paysage charmant et très touchant. Il y a une église et une vieille ferme faites avec des pierres tombales, et c'est dans une salle basse de cette ferme que nous avons fait des expériences spirites.

« J'ai d'abord visité très attentivement la ferme ; la salle où nous nous trouvions était carrée, assez grande ; je n'ai rien vu qui puisse présenter un truquage ; il n'y avait ni éclairage au gaz, ni électricité. J'avais avec moi deux de mes amis, avocats à Arles ; nous avons laissé cette salle telle qu'elle était, et nous avons mis une table en bois de châtaignier au milieu ; pour ne pas omettre un détail, si insignifiant qu'il soit, je dirai qu'elle était assez lourde et doublée de lattes. Nous obtînmes avec cette table tous les mouvements de typtologie.

« Après avoir fait de très nombreuses expériences, il m'est venu l'idée suivante. Je me suis dit : si c'est réellement une force, qui peut être à un moment donnée par un médium, qui sait si en découpant un morceau de bois de cette table, cet esprit, cette intelligence ne pourrait pas s'y incarner.

« J'ai refait cette expérience avec 20 Esprits différents, et je dois dire que pendant un mois, cette force a continué à nous aider. Chaque fois, la table répondait le nom de l'Esprit inscrit derrière le morceau de bois.

« L'Esprit de la table s'appelait Acella ; c'était une jeune Romaine qui était morte au moment où elle allait se marier ; les inscriptions de sa pierre tombale sont assez curieuses :

« Ici repose Acella, ma fille ; son père est mort, il est heureux ; et moi, sa mère, je la pleure ».

« J'ai, pour ainsi dire, évoqué l'âme de cette morte, et c'est peut-être elle qui m'a protégé autour de la table. Nous avons obtenu les choses ordinaires.

« Nous nous mettions généralement le long d'un mur et nous formions la chaîne : je vous dirai que j'ai eu à cette chaîne M. Fleury, préfet, Général X.., des docteurs en médecine, des chirurgiens. Nous faisions, à un moment donné, l'obscurité ; ces espèces de créations se font toujours dans les ténèbres. Au bout d'un moment que le sujet était endormi, nous entendions un grand bruit ; la table roulait dans la pièce. C'était même très effrayant, et beaucoup d'entre nous étaient saisis par un froid intense. Puis ce froid cessait ; il semblait qu'il allait se produire quelque chose, et il n'y avait rien que la table qui recommençait à rouler ; puis elle frappait trois coups formidables. Nous apercevions des globes lumineux qui voltigeaient, qui se reflétaient dans les glaces, ce qui prouve qu'ils étaient objectifs. J'ai parlé à la flamme, et la flamme venait à moi, puis elle se promenait, tout le monde l'a vue.

« J'ai développé les phénomènes du jour où j'ai eu l'idée de parler à la flamme d'une façon intelligente, car, poussé par une idée particulière, j'ai parlé à la jeune Romaine comme si j'avais parlé à une jeune femme vivante ; elle venait se poser sur ma tête. Voilà un fait que j'affirme sur l'honneur. J'ai essayé de photographier ces lumières, je n'ai pu en obtenir la reproduction ; j'ai vu la salle illuminée tout entière ; j'avais quelquefois 10, 12 flammes qui paraissaient intelligentes.

« Je ferai remarquer que j'ai obtenu ces phénomènes par le mouvement de la table, mon sujet n'étant nullement en transe, et je puis assurer qu'il n'y avait pas là de truquage. Avons-nous été hallucinés ? Nous avons été quelquefois 10, et je crois qu'il est difficile d'halluciner un vieux colonial comme moi. »

« Nous avons eu l'expérience suivante : le médium somnambule crut avoir une vision ; il me décrivit l'Esprit d'une personne : c'était

Acella, et il la voyait jetant des roses ; il ajouta :
« Tu trouveras des roses dans la poche gauche
de ton pardessus. »

« En arrivant, j'avais mon pardessus sur moi ;
au début de l'expérience, je l'avais placé à deux
mètres de l'endroit où étaient les deux sujets.
J'ai éteint, et quand les trois coups ont été
frappés, les médiums étant encore endormis sur
le canapé, je rallumai et j'éveillai les médiums.
Glatier me dit : « C'est curieux : j'ai fait un rêve
où je voyais une personne jetant des roses. » Je
priai un de mes amis, M. Taillot, de prendre
mon pardessus : Ma poche gauche était pleine
de pétales de roses. »

Phénomènes de Photographies.

Ces phénomènes sont très nombreux. Citons
seulement ceux-ci, pris dans le livre d'Aksakof :
Animisme et Spiritisme :

« Je veux mentionner encore trois photographies qui ont une importance spéciale : sur l'une
d'elles, on voit une dame assise, Mme Tinkham ;
au moment de l'exposition, elle vit une partie
de la manche de son bras gauche se soulever,
et ses yeux se portèrent sur ce point ; on remarque sur la photographie, à côté de cette
dame, l'image — disons l'image astrale, — d'une
petite fille dans laquelle Mme Tinkham a
reconnu son enfant : on voit parfaitement

la manche du vêtement de Mme Tinkham est soulevée par la petite main de l'enfant. Nous possédons donc la *photographie d'un objet matériel mis en mouvement par une main invisible.* — Sur la seconde photographie, on voit Mme Conaut ; au moment où la plaque allait être découverte, elle se tourna vers la droite, en s'écriant : « Oh ! voilà ma petite Wash-ti ! » (une petite fille Indienne qui se manifestait très souvent par son entremise) et elle étendit vers elle sa main gauche, comme pour lui prendre la main. On voit sur la photographie la figure parfaitement reconnaissable de la petite Indienne, avec les doigts de la main droite dans la main de Mme Conaut. Ici, nous avons donc la *photographie d'une figure astrale signalée et reconnue par le sujet sensitif, au moment de l'exposition.* »

« Un autre cas parvint à ma connaissance ; une jeune fille de Chelsea se fit photographier chez un photographe en renom de cette ville. Elle arriva au moment où il s'apprêtait à fermer son atelier. La jeune fille se plaça devant la chambre noire, et, durant l'exposition, elle aperçut une espèce d'ombre qui glissait devant elle. Elle en parla à M. A., qui se tenait près du cabinet, et celui-ci lui répondit que ce n'était rien, qu'elle pouvait cligner des yeux, mais ne pas remuer. Sur la plaque développée, la jeune fille avait deux mains sur la figure. Cette photographie est remarquable : j'en ai examiné

4 épreuves, dont l'une est en ma possession. Les mains transparentes saisissent la nuque ; elles sont visibles jusqu'au poignet, où elles disparaissent dans une vapeur informe. L'une de ces mains s'avance jusqu'au menton de la jeune fille, qui se voit nettement à travers cette main. Toutes ces photographies offrent une particularité commune, c'est leur transparence. »

Empreintes de mains dans la paraffine.

Voici un article M. Nichols, paru dans le *Spiritual Record* de décembre 1883 :

« Lorsque M. Eglinton était mon hôte à South Kensington, nous essayâmes d'obtenir des moules de mains matérialisées. Ma fille Willie, dont les écrits et les dessins vous sont connus par les spécimens que je vous ai communiqués, nous promit d'essayer si elle pourrait faire le moule de sa main. En conséquence, nous fîmes les préparatifs nécessaires ; j'achetai 2 livres de paraffine, de celle qu'on emploie dans la fabrication des bougies, et qui est une substance blanche, semblable à la cire, mais plus friable. Je la fondis dans mon étuve et je la versai dans un seau en zinc, à moitié plein d'eau chaude, pour la maintenir en fusion. Je remplis ensuite un deuxième seau d'eau froide. Nous avions invité un cercle choisi, composé de douze personnes, parmi lesquelles il n'y avait qu'un seul étranger, un docteur allemand, M. Friese, qui s'intéressait beaucoup au spiritualisme.

« M. Eglinton prit place derrière un rideau qui isolait une partie de la chambre, à l'une des extrémités. Il était assis au centre, à l'endroit où les deux moitiés du rideau se rejoignaient, et, en face de lui, en deçà du rideau, se plaça le docteur allemand, *qui lui tenait les mains*. Le gaz brûlait clair, de sorte que nous pouvions très bien nous voir les uns et les autres. Quand tout fut prêt, j'apportai les deux seaux qui étaient dans ma chambre, l'un avec l'eau froide et l'autre contenant l'eau chaude, avec la paraffine en fusion, et les plaçai dans un coin de la pièce, derrière le rideau, à une distance d'environ 6 pieds de M. Eglington, dont les mains étaient retenues, comme je l'ai mentionné, par celles du Dr Friese. Voici la disposition :

```
Les 2 seaux
  o   o        M. Eglinton    Le rideau
_____
                D$^r$ Friese
```

« Les invités s'assirent en demi-cercle, le plus loin possible du rideau. Chacun de nous était distinctement visible ; il n'y avait personne auprès des seaux ; personne non plus n'aurait pu s'en approcher. Au bout de quelques instants, nous entendîmes des voix sortant de l'endroit où se trouvaient les seaux, ainsi que le clapotement de l'eau ; bientôt après les coups d'avertissement. Alors, je m'approchai et retirai les seaux de derrière le rideau.

« Sur l'eau froide, il y avait deux pièces de paraffine solidifiée, dont l'une avait la forme d'un gant épais en albâtre, et l'autre représentait quelque chose d'analogue, mais beaucoup plus petite. Je retirai le plus volumineux de ces objets et m'aperçus qu'il était creux et qu'il avait la forme d'une *main d'homme*. L'autre était le moule *d'une main d'enfant*. Une dame faisant partie de l'assistance remarqua sur cette main un signe particulier, une légère difformité distincte qui lui désignait la main de sa fille, laquelle avait péri, noyée dans le sud de l'Afrique, à l'âge de cinq ans. Je portai les deux seaux dans mon cabinet d'études, en laisant les deux moules flotter sur l'eau. Je fermai la porte et retirai la clef.

« Le lendemain, nous nous procurâmes du plâtre très fin et le versâmes dans la grande forme. Pour en extraire l'épreuve, il fallut sacrifier le moule. Ce modèle de la main de *ma fille Willie*, avec ses doigts longs et effilés et ce mouvement gracieux qu'elle avait pris en se plongeant dans la paraffine en fusion, chaude presque comme de l'eau bouillante, je l'ai encore aujourd'hui, sur le manteau de ma cheminée, sous un verre. Tout le monde est frappé de la ressemblance de ce modèle avec ma main, lorsque je la tiens dans la même pose, à part l'énorme différence dans les dimensions.

« Cette main n'a rien de la forme convenue que créent les statuaires : c'est une main purement naturelle, anatomiquement correcte, montrant chaque os et chaque veine et les moindres sinuosités de la peau. C'est bien la main que je connaissais si bien dans son existence mortelle, que j'ai si souvent palpée depuis, quand elle se présentait matérialisée.

« Le petit moule fut remis à la mère de l'enfant. Elle en a conservé le plâtre, n'ayant pas le moindre doute au sujet de l'identité de cette main avec celle de sa fille.

« Je puis affirmer, de la façon la plus formelle que l'épreuve en plâtre qui est placée sur ma cheminée a été coulée dans le moule de la main matérialisée de ma fille. D'un bout à l'autre, l'expérience a été conduite par moi et soumise aux conditions les plus rigoureuses.

« Si le moule eût été pris sur une main vivante, il n'en aurait pas pu être enlevé. La circonférence du poignet est plus petite d'un pouce et demi que celle de la paume à l'endroit du pouce. Une main pareille ne saurait être dégagée du moule sans le briser en plusieurs morceaux. La seule explication possible de ce phénomène serait de supposer qu'en quittant le moule, la main se serait dissoute et dématérialisée ».

Je priai le D' Friese, — que les lecteurs de *Psychische Studien* connaissent, et dont le D' Hartman fait mention dans son livre, — de m'envoyer la description de cette séance, à laquelle il avait pris une part active, ayant lui-même tenu les mains de M. Eglington.

AKSAKOF.
Animisme et Spiritisme.

Incorporations.

Parmi les nombreux médiums célèbres à incorporations, nous nous contenterons de citer Mme Lay-Fonvielle, de Paris. Voici sur elle quelques mots d'un rapport pris au *Congrès Spirite et Spiritualiste International de 1900.*

Rapport sur le médium Lay-Fonvielle,
par ROSARIS.

On trouvera ce rapport in-extenso dans le n° d'octobre 1900 de *l'Initiation.*

Nous en donnons ici le résumé succinct :

« Mme Lay-Fonvielle incarne un Esprit qui se nomme Julia.

« Quant à la réalité du phénomène, la question de fraude doit être écartée pour plusieurs raisons : le changement de la voix, la disparition de l'accent propre du médium (méridional), le changement dans l'état de santé physiologique pendant la transe, les facultés qui se montrent pendant cet état : lecture de pensée, vision à distance, prévision de l'avenir, guérisons spirituelles, agrandissement du cercle des connaissances intellectuelles. Il n'y a pas somnambulisme lucide, car le médium incarne non seulement l'Esprit Julia, mais encore d'autres Esprits et des personnes mortes ; dans ce dernier cas, le médium reproduit l'agonie du defunt.

« L'Esprit Julia est chrétien ; tous ses renseignements portent le cachet d'une haute moralité ; il connaît les familles spirituelles des Esprits, et, en particulier, celui commis au gouvernement général de la Terre.

« Enfin, dans la prévision du futur, il distingue non-seulement les clichés, mais aussi leur probabilité de réalisation. »

Nous en reparlerons plus loin, l'auteur de ce livre ayant eu occasion de la consulter, à Paris, en 1903.

Matérialisations.

On appelle matérialisation (dit Gabriel Delanne, dans son livre *Le Phénomène spirite*) le phénomène par lequel l'Esprit se montre avec un corps physique, ayant toutes les apparences de la vie normale. Le récit suivant, que nous résumons, a été publié par M. Crookes, dans différents journaux spiritualistes, en 1874.

« Si nous laissons constamment la parole au grand chimiste, ce n'est pas par pénurie de documents, car les revues spirites contiennent un grand nombre de ces récits ; mais afin que le lecteur soit bien convaincu que les faits cités ont été observés avec toute la méthode et la rigueur que les savants apportent dans leurs recherches minutieuses et précises.

« Ecoutons M. Crookes.

« Les expériences eut lieu chez le savant :
« Ma bibliothèque servit de cabinet noir ; elle avait une porte à deux battants, qui s'ouvrait sur le laboratoire ; un des battants fut enlevé de ses gonds, et un rideau fut suspendu à sa place, pour permettre à Katie (l'Esprit matérialisé) d'entrer et de sortir facilement. J'ai préparé et disposé ma bibliothèque, ainsi que mon cabinet noir, et d'habitude, après que Mlle Cook (le médium) avait causé et dîné avec nous, elle se dirigeait droit au cabinet, et, à sa demande, je fermais à clef la seconde porte, gardant la clef sur moi pendant toute la durée de la séance ; alors, on baissait le gaz, et on laissait Mlle Cook dans l'obscurité.

En entrant dans le cabinet, Mlle Cook s'étendait sur le plancher, la tête sur un coussin, et bientôt elle était en léthargie.

« *Le Médium*. — Durant ces six derniers mois, Mlle Cook a fait chez moi de nombreuses visites, et y est demeurée parfois une semaine entière. Elle n'apportait avec elle qu'un petit sac de nuit, ne fermant pas à clef ; pendant le jour, elle était constamment en compagnie de Mme Crookes, de moi-même ou de quelque membre de ma famille, et ne dormant pas seule ; il y a eu manque absolu d'occasion de rien préparer, même d'un caractère moins achevé, qui fut apte à jouer le rôle de Katie King.

— « La conviction de M. Crookes sur la sincérité du médium et sur l'impossibilité pour lui de rien simuler de semblable à ce qu'il a constaté, éclate aussi dans les lignes suivantes :

« Quelque épreuve que j'ai proposée, elle a accepté de s'y soumettre avec la plus grande bonne volonté ; sa parole est franche et va droit au but, et je n'ai jamais rien vu qui pût en rien ressembler à la plus légère apparence du désir de tromper. Vraiment, je ne crois pas qu'elle pût mener une fraude à bonne fin, si elle venait à l'essayer ; et si elle le tentait, elle serait promptement découverte, car une telle manière de faire est tout à fait étrangère à sa nature. Et quant à imaginer qu'une innocente écolière de quinze ans ait été capable de concevoir et de *mener* pendant *trois ans* une aussi gigantesque imposture que celle-ci, et que, pendant ce temps, elle se soit soumise à toutes les conditions qu'on a exigées d'elle, quant à imaginer, dis-je, que la Katie King des *trois dernières années* est le résultat d'une imposture, cela fait plus de violence au bon sens et à la raison que de croire qu'elle est ce qu'elle affirme elle-même.

« *Katie*. — La photographie est aussi impuissante à dépeindre la beauté parfaite du visage de Katie que les mots le sont eux-mêmes à décrire le charme de ses manières. La photographie peut, il est vrai, donner un dessin de sa pose ; mais comment pourrait-elle reproduire la pureté brillante de son teint, ou l'expression sans cesse changeante de ses traits si mobiles, tantôt voilés de tristesse quand elle racontait quelque amer événement de sa vie passée, tantôt souriant avec toute l'innocence d'une jeune fille, lorsqu'elle avait réuni mes enfants autour d'elle et qu'elle les amusait, en leur racontant des épisodes de sa vie dans l'Inde. »

Voici ce qu'écrit M. Crookes, le lendemain d'une séance à Hackney :

« Jamais Katie n'est apparue avec une aussi grande perfection ; pendant plus de deux heures elle s'est promenée dans la chambre, en causant familièrement avec ceux qui étaient présents.

« Fréquemment, j'ai soulevé un coin du rideau, lorsque Katie était debout tout auprès ; les sept ou huit personnes qui étaient dans mon laboratoire pouvaient voir en même temps Mlle Cook et Katie, sous le plein éclat de la lumière électrique. Nous ne pouvions pas, alors, voir le visage du médium, à cause du châle que Katie avait mis dessus, pour empêcher que la lumière ne tombât sur la figure, mais nous apercevions ses mains et ses pieds ; nous la voyions se remuer péniblement sous les rayons de cette lumière intense, et, par moment, nous entendions ses plaintes. J'ai une épreuve de Katie et de son médium photographiées ensemble, mais Katie est placée devant la tête de Mlle Cook.

Nous croyons maintenant que le doute n'est plus possible : Katie et Miss Cook sont positivement deux personnalités distinctes, et l'objection d'une supercherie ou d'une hallucination collective, atteignant M. Crookes et les assistants, doit être écartée ; il existe bien un Esprit qui apparaît et disparaît, mais rien ne prouve encore, disent toujours les sceptiques, que c'est un habitant de l'autre monde. En effet, nous savons maintenant, d'une manière à peu près certaine, que l'individu humain peut se dédoubler ; et pendant que son corps est dans un endroit déterminé, on peut constater la présence de son double à un autre endroit, souvent fort éloigné du premier. Les procès-verbaux de la *Société des recherches psychiques* mentionnent un très grand nombre de cas, dans lesquels ces doubles de personnes vivantes parlent, déplacent des objets matériels ; nous pouvons donc admettre qu'ils ont une existence objective. Appliquons ces remarques à Mlle Cook, qui nous dit que Katie King n'est pas un simple dédoublement de Miss Cook ?

Laissons encore la parole aux faits ; ils vont détruire cette dernière objection, suprême ressource de la négation.

« Une des photographies les plus intéressantes est celle où je suis debout à côté de Katie ; elle a son pied nu sur un point particulier du plancher. J'habillai ensuite Mlle Cook comme Katie ; elle et moi nous nous plaçâmes exactement dans la même position et nous fûmes photographiés avec les mêmes objectifs, placés absolument comme dans l'autre expérience et éclairés par la même lumière. Lorsque ces deux dessins sont placés l'un sur l'autre, les deux photographies de moi coïncident exactement quant à la taille, etc., mais Katie est *plus grande* d'une tête que Mlle Cook, et, auprès d'elle, elle semble une grosse femme. Dans beaucoup d'épreuves, la largeur de son visage et la grosseur de son corps diffèrent essentiellement de son médium, et les photographies font voir plusieurs autres points de dissemblance.

« J'ai si bien vu Katie récemment, lorsqu'elle était éclairée par la lumière électrique, qu'il m'est possible d'ajouter quelques traits aux différences que, dans un précédent article, j'ai établies entre elle et son médium. J'ai la certitude la plus absolue que Mlle Cook et Katie sont deux individualités distinctes, du moins en ce qui concerne leurs corps. Plusieurs petites marques qui se trouvent sur le visage de Mlle Cook font défaut sur celui de Katie. La chevelure de Mlle Cook est d'un brun si foncé qu'elle paraît presque noire; une boucle de Katie, *qui est là sous mes yeux* et qu'elle m'avait permis de couper au milieu de ses tresses luxuriantes, après l'avoir suivie de mes propres doigts, jusque sur le haut de la tête, et m'être assuré qu'elle y avait bien poussé, est d'un riche châtain doré. »

On constate, dans tous les cas de télépathie, que l'apparition reproduit absolument la forme du corps et les traits du visage de celui qui produit ce phénomène ; c'est là une caractéristique jamais démentie de ces faits. Or, nous voyons que Katie diffère notablement de Mlle Cook, aussi bien par la taille que par le visage, et par les caractères physiologiques ; donc Katie et miss Cook sont deux personnalités différentes, aussi bien physiquement que psychiquement. Une dernière citation va établir, sur ce point, une conviction absolue :

« Ayant terminé ses instructions, Katie m'engagea à entrer dans le cabinet avec elle et me permit d'y demeurer jusqu'à la fin.

« Après avoir fermé le rideau, elle causa avec moi pendant quelque temps, puis elle traversa la chambre pour aller à Mlle Cook, qui gisait inanimée sur le plancher. Se penchant vers elle, Katie la toucha et lui dit: « Eveillez vous, Florence, éveillez-vous ! il faut que je vous quitte maintenant. »

« Mlle Cook s'éveilla tout en larmes ; elle supplia Katie de rester quelque temps encore : « Ma chérie, je ne puis pas, ma mission est accomplie ; que Dieu vous bénisse ! » répondit Katie, et elle continua de parler à Mlle Cook. Pendant quelques minutes, elles causèrent ensemble, jusqu'à ce qu'enfin, les larmes de Mlle Cook l'empêchèrent de parler. Suivant les instructions de Katie, je m'élançai pour soutenir Mlle Cook, qui allait tomber sur le plancher et qui sanglottait convulsivement. Je regardais autour de moi, mais Katie et sa robe blanche avaient disparu. Dès que Mlle Cook fut assez calmée, on apporta une lumière et je la conduisis hors du cabinet. »

Plus de doute possible maintenant. Mlle Cook cause, éveillée, avec Katie et Mr Crookes. Ce sont bien trois personnalités distinctes dans trois corps différents. L'existence des Esprits est établie irréfutablement. Cela est si vrai que les savants qui ont entrepris d'expliquer le phénomène spirite, en dehors d'une intervention des désincarnés, n'ont jamais osé aborder ces remarquables travaux. Là, impossibilité de nier l'incomparable compétence de l'observateur, sa logique rigoureuse, son esprit froid et impartial. On sent dans ces expériences si détaillées, si bien conduites, un homme qui va à la recherche de l'inconnu sans hésitations, mais en s'entourant de toutes les précautions possibles. C'est le même chercheur qu'au début, ni plus enthousiaste du merveilleux phénomène, ni moins déterminé à en faire connaître toutes les phases, quelque invraisemblables qu'elles puissent paraître à ses doctes confrères. Aussi, est-ce pour nous, Spirites, un appui inébranlable, un sûr refuge contre les sophismes de ceux qui, n'ayant pas expérimenté eux-mêmes, et n'ayant connaissance que d'un petit nombre de faits prononcent *ex Cathedra* que le Spiritisme n'est qu'une *ânerie* du monde naissant.

GABRIEL DELANNE,
Le Phénomène Spirite.

Le Spiritisme chez l'auteur.

J'écrivais, à la date du 3 décembre 1900 :

J'ai commencé à faire du Spiritisme à l'instigation d'un ami. C'était le 3 septembre 1900.

Il n'est venu qu'un Esprit banal, à notre évocation.

Le lendemain, 4 septembre, je recommençais seule avec Jeanne K*** ; et mon mari, mort depuis trois ans, se nommait et répondait à mes questions.

Depuis, j'ai interrogé et vu interroger les Esprits bien des fois, et j'ai été émerveillée devant le monde nouveau qu'ils découvraient à mes yeux : religion, science, caractères, tout leur est familier. Ils conseillent sagement, et je pense, qu'à condition d'évoquer et d'obtenir toujours de *bons Esprits*, on pourrait, avec leur aide, régénérer la terre.

Je note ici, date par date, les questions et les réponses les plus frappantes, pour m'en servir, au besoin, à faire du bien aux Esprits dans l'erreur ainsi qu'aux cœurs désolés.

Je citerai donc quelques passages de mon *Journal de Spiritisme*, et noterai quelques faits obtenus.

Voici des phrases données au moyen de la typtologie :

De mon mari — 11 octobre 1900.

« Je te guide dans la vie. »

« Je te mène dans la vie comme je te conduisais dans nos promenades d'autrefois. »

« Je te vois souffrir et pleurer : mais je te veux forte et bonne pour pouvoir remplir ta tâche. »

« Je ne veux pas qu'on me demande les vulgarités de la vie. »

« Lumière et vérité useront les préjugés. »

15 octobre

« Terre et ciel sont reliés par le Spiritisme. »

« Le Spiritisme est une chose sainte qu'on ne doit pas profaner, en demandant les vulgarités de la vie. »

A cette question : « Comment se fait-il que tant de gens restent incrédules devant les manifestations spirites ? » Réponse : « C'est que l'Esprit est plus ou moins disposé à comprendre Dieu dans ses manifestations divines. »

16 octobre.

« Le Spiritisme est admirable : par lui, les âmes se parlent et correspondent. »

« Dieu est le Principe de toutes choses. »

— Je demande pourquoi nous correspondons tous : le divin, l'astral, le terrestre ?

Réponse : « Parce que terre et ciel sont un grand *Tout*. »

Copie d'une dictée spontanée de G. Sand, moi, étant médium :

« Je considère le Spiritisme comme l'échelon qui doit relier outre-tombe les intelligences et les cœurs.

« Le Spiritisme est la pierre de touche où se reconnaissent les âmes chercheuses de vérité et avides de lumière... Non de ce Spiritisme faux et vain qui consiste à faire tourner une table pour savoir d'elle la date de son mariage ou l'échéance d'un paiement... Mais le Spiritisme vrai, ainsi que nous l'entendons de ce côté-ci de la tombe, c'est tout autre chose : lumière, vérité, vues merveilleuses sur le monde auquel appartiennent nos Esprits désincarnés... Science d'un cœur épris d'idéal et d'amour, cherchant à s'élever sur les ailes des Anges... au-dessus des chimères mortelles et des mesquines amours de la terre. Bonheur d'outre-tombe, secrets d'idéal mystère appris par les Esprits du Ciel, secrets de perfection et de bonté que le Christ avait déjà tracés dans son divin Evangile d'amour, à son passage parmi nous...

« Voilà le Spiritisme, amie qui m'êtes chère, parce que vous avez compris et aimé mon Esprit. Voilà la liaison de la terre au ciel, les mains qui se tendent des élus vers les terrestres, des délivrés vers ceux qui ressentent encore les tourments de la chair.

« Et malheur à ceux qui, le comprenant par leur intelligence, s'en détournent avec un orgueil réprouvé... Ils se privent des plus douces consolations sur le monde qu'ils habitent, et se ferment les portiques mystérieux et sacrés de l'inconnu.

« Bienheureux vous qui comprenez, et marchez dans la voie que nous vous traçons... Votre passage dans la vie sera doux ; nous serons là pour vous épargner toutes les transes de la mort. »

Suit la signature de G. Sand, reconnue exacte par une de mes amies qui possède des autographes de G. Sand, tandis que je n'en avais jamais vu.

De la même, par la typtologie :
« Ce divin mystère des choses de l'Eternité doit être maintenant dans ta pensée, pour porter le poids de l'existence. »

Au mois de juin 1901, mon mari me fait écrire les paroles suivantes :
« Il est une chose que je te demande instamment : la réalisation de tes pensées en un seul mouvement de résignation absolue à la volonté de Dieu...

« Connaître l'Infini par l'étude de la vie spirite, te donner à cette étude de plus en plus, sans crainte et sans désespoir, sans regret des plaisirs qui pourraient t'être enlevés, t'abandonnant tout entière à la main qui ne te prendra pas ce que tes forces ne pourraient donner : *Il* sait ce qu'il faut à chaque créature ici-bas. Je t'affirme que d'ici peu je me rendrai visible...

Etudie... (ici un mot illisible) attends dans le calme et la résignation : je veille sur toi ! »

Autre communication écrite, le 4 juillet 1901 :

« Je t'engage à conduire tes affaires avec prudence, car tu dois expérimenter les soucis de la vie matérielle... et rester seule à diriger tes affaires avant peu de temps maintenant...

« Réfléchis, consulte-moi ; je viendrai et me tiendrai près de toi pour te conseiller ; cela, je te le promets, je m'y engage. »

La prédiction devait, en effet, s'accomplir : je devais rester seule : mon père mourait le 22 juillet suivant.

La veille de sa mort, mon père me fit écrire ceci : « *Et l'espace infini de la pure sagesse.* »
Comme il était écrivain et poète, je lui demandai s'il y avait à ces mots un commencement ou une suite ; il me répondit négativement.
Il se communiqua quelques jours après par la table et par l'écriture. Le 6 août, il me faisait écrire ce message :

« Ma fille, je suis avec toi, je ne te quitte que pour m'élever vers Dieu. Les liens sont lourds qui retiennent l'Esprit à la terre : ses fautes, ses occupations, ses joies, ses peines mêmes, lui font d'abord trouver pénible un changement si étrange et si imprévu qu'il a été en particulier pour moi. La prière que tu adresses à Dieu monte à l'Infini et se répercute aussi à l'Infini, et me fait soulever ce poids d'angoisse immatérielle attaché maintenant à ma personne. Comprends cela si tu peux. » — « Aujourd'hui, la lumière est claire et m'environne. Je vois mieux que je ne voyais sur la terre. » — « La lumière d'ici est belle et pure... A sa clarté intense l'âme se découvre mille imperfections qu'elle ne se voyait pas sur la terre. Un Esprit supérieur est bien petit quand il arrive à la *Patrie*. »

Question : Faut-il continuer mes études Spirites ?

« Oui, et tu fais bien : ce sera là pour toi l'avancement et le salut. »

Ici je lui parle d'une personne en qui il avait confiance :

Question : Tes yeux sont-ils désillés à l'égard de *** ?

« J'ai plus de peine à accuser... Hélas ! oui. »

Je lui demande de m'écrire deux lignes de vers :

« Oui. Ecris ceci :

« Les chemins de la terre ont des épines dures...
« Ceux du ciel sont si doux quand les âmes sont pures !...

Il m'affirme à plusieurs fois qu'il *veille* sur moi et peut me *protéger* encore.

Typtologie.

Je demande qui a tracé une petite croix sur le guéridon qui me sert au Spiritisme.

Mon mari répond : « C'est O***, pour marquer que tu dois considérer cette table comme un moyen sacré de correspondre avec tes amis de l'Eternité. »

Copie d'une dictée spontanée de l'Esprit de mon mari interrogé par un ami et reproduite dans le *Progrès spirite*.

8 juillet 1901.

« J'ai été dans le trouble pendant assez longtemps. Je voyais cependant les soins dont on entourait mon corps, le chagrin qui brisait des cœurs ; je le sentais ; mais j'avais fait assez de Spiritisme dans ma vie pour penser qu'à ce moment, mon âme se dégageait de son enveloppe terrestre pour commencer une nouvelle vie ; — puis, je savais que j'allais à Dieu ; mes dernières paroles l'ont prouvé : ma femme doit se les rappeler. De plus, j'étais préparé à la mort.

« Je voyais mon corps inerte, et j'avais peu d'étonnement de le sentir ainsi. Je sentais une grande souffrance morale, dans le sens que je ne pouvais porter aide et consolation à ceux qui m'entouraient, ni par mouvement, ni par parole. J'ai assisté à toutes les cérémonies, les visites, les sentiments de chacun... J'ai essayé de me communiquer à ma femme, par une douceur d'esprit dont je l'enveloppais.

« Je me suis vu emporter avec chagrin de la maison et arracher à mes habitudes, bien que ce soit mon corps seul qu'on emportait. J'ai vu avec consolation que mes dernières volontés ont été toutes suivies, et comme si l'Esprit pouvait voir et comprendre ; et je remercie ceux qui m'ont religieusement obéi.

« Pendant longtemps, j'étais dans ma maison, errant et cherchant à adoucir la tristesse des miens. Puis, m'élevant à la fin et me dégageant tout à fait, au milieu de mes dernières attaches terrestres, j'ai compris la vraie vie, cessant d'expier au bout de quelques mois, ainsi que je l'ai dit à ma femme, cessant de souffrir du jour où le procès touchait à sa fin, et rendait ma tombe à ma femme. Quand je l'ai vue heureuse de ce gain, si bien mérité par elle, j'ai désiré correspondre avec elle par le Spiritisme, et lui donner la seule consolation que les absents peuvent donner: la correspondance, avec l'assurance que j'étais devenu son Esprit familier. C'est moi qui l'ai poussée à vous demander de faire du Spiritisme, et j'étais là, présent et heureux, mon cher ami, quand vous avez commencé, sachant qu'une nouvelle vie allait commencer pour le seul Esprit que je regrette d'avoir laissé après moi sur la terre, heureux de correspondre avec elle tous les jours, et de la faire profiter de mes lumières acquises. »

Q. Qu'est-ce que le trouble après la mort ?

R. « Le trouble est l'état d'une âme qui ignore les conditions de sa propre existence, le trouble d'après la mort est le malaise qui accompagne tout changement brusque d'un état à un autre. Comparez-le, si vous voulez, à l'état où se trouverait l'enfant naissant, si la plénitude de ses facultés lui était donnée à ce moment. Comment, et avec quelle surprise, et quelle indécision se servirait-il de ses membres, de sa pensée même, et ne craindrait-il pas qu'un seul mouvement brusque fît cesser le phénomène de cette existence qui lui est donnée ? L'Esprit diffère de l'enfant, en ce que celui-ci est encore dans les langes de ses facultés endormies, au lieu que l'Esprit dégagé de la matière entre dans une nouvelle existence en enfant qui voit, qui sent, et ne sait encore se rendre compte de rien.

« Seules, les idées spirites développées doivent aider l'homme à mourir, c'est-à-dire, à naître à la vraie existence. »

Q. Voyiez-vous la scission entre vous et votre corps ?

R. « Je la sentais comme quelque chose d'étrange sans pouvoir me rendre un compte exact de ce qui se passait, et surtout sans savoir ce qui m'attendait dans ma nouvelle existence. »

Q. La mort est-elle une souffrance ?

R. « Oui, pour les uns, non pour les autres. Ceux qui la voient venir ne souffrent que peu ; les autres peuvent souffrir horriblement, et plus ou moins, selon le degré de pureté d'âme, et aussi de l'énergie morale de leur esprit. »

Q. Mais ceux qui se sentent mourir doivent avoir des affres morales plus grandes que ceux que la mort prend subitement ?

R. « Je parlais du moment qui accompagne et suit la mort, non de celui qui la précède. Vous êtes dans le vrai quant à cette dernière chose, à moins, toutefois, que l'âme y soit préparée et consente à quitter son enveloppe de chair. »

Q. Est-ce qu'il y a des Esprits éternellement voués à la souffrance ?

R. « Y penses-tu ? Où seraient la bonté, la justice même ?.... C'est alors qu'ils ont la réincarnation comme remède au mal qu'ils endurent. »

Un Esprit fait écrire :

« ... Dieu, n'est-ce pas la Vérité, la Lumière, la Vie, le Principe éternel de toutes choses et de tout Esprit ? »

Communication d'un Espagnol martyr
de l'Inquisition. — Typtologie.

« Je subissais le terrible supplice du *garot* en pensant que je perdais l'existence et je me sentais devenir fou pendant le supplice qui tordait ma chair et mes nerfs.

« Je redoutais le moment de paraître devant Dieu parce que je redoutais sa justice.

« Je priais sans préciser, ne trouvant plus de paroles dans le trouble qui envahissait mon âme et mes sens. Vainement le bourreau me tourmentait, en serrant le nœud qui m'étranglait, mon esprit ne distinguait plus rien de ce qui m'entourait, que la souffrance du corps et la terreur du dernier moment.

« Plus de mille martyres tenaient mon âme dans le trouble du désespoir.

« Je pensais, sans pouvoir formuler ma pensée, dans une angoisse sans pareille.

Carlos de Seso.

Copie d'une communication de mon père, par la typtologie, à des demandes formulées par M. B**, commandant au Tonkin.

6 octobre 1901.

Q. 1° La position du *Chandoc* (vaisseau) au moment de l'évocation ?

R. « Côté Sud du Tonkin. »

Q. 2° Description du Détroit de Sumatra, et des environs de Singapoor vus de la mer ?

R. « Le détroit de Sumatra est un étroit espace de mer, orienté sur le point extrême de l'Inde, et peu fréquenté des Français. — Les environs de Singapoor, du côté de la mer, sont plantés d'une végétation verdoyante, et peu accidentés. Sur la côte, on rencontre des espaces très rarement découverts. La mer vient baigner un rivage ravissant. La lumière est intense, et le soleil de feu. »

Q. 3° Description de l'entrée de la rivière de Saïgon ?

R. « La rivière prend les teintes prismatiques du soleil asiatique. On voit sur les rives des arbres penchés sur les marais qui les bordent. Le silence règne dans une solitude enchantée, interrompue seulement par le bruit des vents et celui de tous les navires qui vont et viennent sur la rivière. Les bords sont sauvages, et l'on n'y voit que quelques bourgades d'indigènes. »

Cette communication a été obtenue à la table par deux médiums qui n'avaient, ni l'un ni l'autre, rien lu sur les Indes.

J'envoyai aussitôt la copie de cette communication à M. B***, au Tonkin. Courrier par courrier, il me répondit que c'était *exactement décrit* par l'Esprit de mon père, et que le *Chandoc* se trouvait, en effet, au sud du Tonkin, le 6 octobre.

Le 8 mars 1902, K***, et ma fille adoptive, qui s'amusaient à me donner du fluide, en faisant des passes, m'ont *endormie* soudainement, d'un sommeil somnambulique, pendant lequel je me suis vue tout à coup devant mon mari et mon père. Mon mari était tout près de moi; mon père, plus éloigné. Celui-ci me regardait immobile, et, détail remarquable qui prouve bien la vision de l'être psychique, c'est qu'un mur, qui me touchait, était entre nous. Mon mari, sans remuer les lèvres, me parlait par la transmission de la pensée, ainsi qu'il me l'avait promis, dans une communication en juin 1901 : « Ma femme, je veux te voir et que tu me comprennes. Le *regard direct* t'apprendra tout ce que je veux que tu saches, sur ce qui t'est demandé par Dieu. »

Il m'a parlé, en effet, de mes devoirs et m'a encouragée à persévérer dans ma tâche. Il était souriant et semblait très heureux.

Interrogé par moi, avec la table, un peu plus tard, sur ce sommeil étrange, mon mari m'a répondu : « Tu as reçu les fluides par K*** et Béatrice, pour me permettre de me communiquer à toi. »

18 juin. Typtologie.

Question à mon père : Que penses-tu aujourd'hui du Spiritisme auquel tu ne croyais pas ?

R. « Les hommes savent rarement ce qui leur convient; la mort leur dévoile la Vérité. »

25 juin. Typtologie.

Mon père me parlait de la Réincarnation qui doit être une vraie grâce pour les Esprits mauvais ou arriérés.

A cette demande : Pourquoi l'homme ne se souvient-il pas de ses existences précédentes ?

R. « Si l'homme avait le souvenir de vies antérieures, il serait malheureux. »

(Nous trouvons cette phrase développée dans L. Denis : *Après la mort*.)

Séance chez M. F***, 4 décembre 1902.

Demi-lumière ; 12 personnes.

L'accordéon, posé sur la table, au-dessus des mains de 2 médiums, a joué quelques notes sans suite. Les esprits ont dit être la fille de M. F. et le mari de Mme Moreau.

Ensuite un Esprit léger, farceur, est venu. Il déclare d'abord se nommer Demei, puis Lemoine, et enfin Garou. Ce dernier nom est celui sous lequel il se manifeste depuis 2 années dans une famille de Nantes.

Il se livre, par la table, à toutes sortes de manifestations ; il imite le bruit du train, ceux de la roue, de la scie, de la lime, du soufflet, de la machine à coudre ; il va d'une table à l'autre, les domestiques faisant du spiritisme, le même soir, dans la cuisine. Il dansé la gigue, la mazurke, la valse; puis il agite fortement la table en tous sens, l'incline devant chaque personne, tour à tour, et fait la quête avec de petits soubresauts ; on lui jette des sous; quand on veut les reprendre, la table se renverse, du côté opposé à la personne qui tend la main, marquant ainsi le refus de rendre l'argent. Il dit qu'il faut donner cet argent aux pauvres.

Puis l'Esprit vient serrer les mains de chacun avec une inclinaison de la table, et un petit mouvement très caractéristique, mouvement qu'il répète très sympathiquement, surtout devant M. F.

Je remarque qu'*il serre* plus doucement les mains de ma fille Béatrice.

Le lendemain, chez moi, l'Esprit recommence la même séance; on remarque même qu'en imitant le bruit du soufflet, le guéridon se penche vers le feu à peu près éteint, et qu'au même instant, dans le foyer, une petite braise, presque consumée, se ranime et jette une flamme.

L'Esprit amène ensuite le guéridon auprès d'une table où sont déposées des Revues spirites, ayant le portrait d'Allan Kardec sur la couverture. A la demande de l'Esprit, on pose ces Revues sur le guéridon; alors, il penche celui-ci vers chacun de nous, alternativement, le secouant et l'inclinant avec force et insistance, pour nous dire que ce portrait est celui d'un Apôtre, propagateur de la Doctrine spirite et spiritualiste.

En janvier 1903.

J'ai vu à Paris Papus (le Docteur Encausse), docteur en Kabbale.

Le célèbre voyant m'a dépeint mon mari et ma mère, leur genre de désincarnation, et m'a affirmé que tous deux me protègent.

Il m'a parlé aussi de mon père, assez longuement.

J'ai consulté aussi le médium Mme Lay-Fonvielle, qui incarne Julia, l'Esprit d'une enfant.

Julia m'a dépeint fidèlement mon mari. Ensuite, elle me parle ainsi : « Ton mari me dit : Dis à Marie... — c'est toi qui t'appelles Marie ? » Sur ma réponse affirmative, elle continue et m'entretient des promesses de mon mari et de nos souvenirs.

Après cette communication, Julia ajoute, en étendant la main vers moi :

« Toi ! je te protégerai ! »

J'arrive ici à l'époque actuelle où la Société spiritualiste est formée à Nantes, après le passage dans notre ville de Léon Denis.

Outre la Société spiritualiste, nous avons des

groupes fermés, où nous commençons à obtenir des manifestations.

Voici quelques fragments des comptes rendus des premières séances du groupe auquel j'appartiens.

1re séance. Chez moi. Six personnes, dont 2 médiums : séance avec la table, dans la 1/2 obscurité, les Esprits nous ayant demandé d'éteindre ou de voiler la lampe. Promesses de manifestations, et, en particulier, d'apports. Au bout d'une demi-heure, cinq d'entre nous sentent le parfum du daphné. Pas de matérialitions, mais promesses renouvelées des Esprits de travailler avec nous et de nous donner des preuves de la survie. Le médium, Mme H***, a eu plusieurs transes pendant la séance.

3e séance : Chez M. et Mme P***.

La 2e séance ne nous ayant rien donné, nous avions convenu de nous réunir dans un autre local.

Cinq assistants.

Dans l'obscurité presque complète d'une grande salle, vient un Esprit qui se nomme Rasouirna, et qui nous dit être de Madagascar.

Je m'endors avec des passes fluidiques ; et je vois mon mari, mon père, et une quantité de personnes ; un Esprit se détache de leur groupe et s'incline sur Mme B*** qui est à la table. Je décris cet esprit. Mme B*** reconnaît en lui un ami de jeunesse ; et quelques jours après, sur la présentation de son portrait, je reconnais moi-même l'Esprit que j'ai vu.

— Nous avons obtenu six lévitations de la table, à la hauteur de 25 ou 30 centimètres du sol. Et nous avons senti des souffles très frais et très forts, comme dans un vif courant d'air.

Chaque semaine, nous devons consacrer un jour à continuer ces intéressantes expériences qui, pour le moment, ne sont qu'à leur début.

Médium Guérisseur.

Nous ne voulons pas terminer cette étude du Spiritisme Expérimental, sans consacrer ici quelques mots à l'un des médiums guérisseurs: celui-ci, connu de tout Nantes, et que l'on vient consulter de fort loin, a fait des cures merveilleuses. Nous avons nommé Mme Esther Rivière. Tous les instants de cette excellente femme sont voués au soulagement des souffrants. Mme Rivière fait de nombreuses charités, et nombreuses aussi sont les âmes douloureuses qu'elle a consolées, en leur apprenant notre Doctrine.

Mme Rivière appartient à l'école de magnétisme et de massage de Paris, dont elle a reçu le Diplôme et une décoration.

De plus, elle possède une médianimité incontestable dans une faculté spéciale qu'on désigne sous ce nom: *le don de l'eau*. C'est-à-dire que l'eau, magnétisée par elle, acquiert aussitôt les qualités propres à la guérison de chacun des malades auxquels elle est appliquée en des usages divers, étant limpide et fraîche pour les uns, légèrement gazeuse pour d'autres, ou bien se chargeant d'iode, ou de quina, ou de goudron.

Qu'un hommage respectueux et fraternel lui soit rendu. Cet hommage sera l'écho de la voix des reconnaissants qu'elle a guéris et à qui elle a fait du bien.

QUATRIÈME PARTIE

Philosophie de la Doctrine spiritualiste.

L'humanité terrestre est en marche vers un but commun : le bonheur. Non encore initiée tout entière à ce qu'est en réalité le bonheur, elle le cherche dans l'or, dans la gloire, dans l'amour. Mais l'or, la gloire et l'amour ne donnent, en supposant qu'on les possède pleinement, qu'un bonheur relatif ; ils sont sujets à bien des changements, à bien des vicissitudes ; ils conduisent à bien des vices ; et le plus souvent, en les atteignant, on n'a pas atteint le bonheur. Et peut-être, on s'est souillé ; alors, la conscience souffre, impuissante à se régénérer, au milieu de l'abîme qu'elle s'est creusé.

L'homme doit souffrir ; c'est la loi de l'épreuve en même temps que celle du Progrès ; et malgré toutes ses précautions pour s'entourer de bien-être, il viendra toujours dans sa vie une heure, un instant où la Douleur s'établira chez lui en souveraine. Ce sera le moment de l'épreuve. Que sera-t-elle cette épreuve ? Pour les uns, la perte des richesses ; la perte de l'amour ; ou la calomnie empoisonnant la vie ; pour les autres, la perte des êtres chers, la solitude, la relégation, l'exil.

Voici venir l'immense légion des pauvres, des misérables qui s'écrient : « Où donc est pour nous le repos sur la terre ? La maladie, la pauvreté, la faim, le froid, la douleur physique et la douleur morale nous déchirent. Qui nous apportera la paix ? Qui nous consolera, nous aidera, nous instruira ? »

« Sera-ce l'Eglise ? L'Eglise ! elle nous fait payer notre place dans ses temples, la bénédiction qu'elle donne à nos unions, les prières qu'elle adresse à Dieu pour nos morts, celles qu'elle récite sur notre dépouille mortelle, et jusqu'au droit pour cette dépouille de séjourner un instant au pied des autels. »

L'Eglise ! mais elle n'a que menaces et rigueurs pour le pauvre et le souffrant. Ses ministres répètent dans la chaire les paroles du Christ : Bienheureux les pauvres ! les affligés !... — Donnez et on vous donnera ! — Ils récitent la parabole du bon Samaritain et celle de la Veuve au temple de Jérusalem, et ces paroles : « Dieu vous bénira pour ce que vous ferez à ces petits en mon nom. » Mais ils récitent ces paroles sans en appliquer la portée ; leur pensée est loin de ces conseils du Maître et la première place est donnée par eux aux enfants des riches devant l'autel, parce que les riches leur apportent argent et considération.

Pour la plupart des prêtres catholiques, le pauvre est une non-valeur, que disons-nous, hélas ! il est un embarras ; et si vous les voyez se pencher sur ses misères (à part quelques-uns d'entre eux qui sont vraiment charitables), c'est que les malheureux sont ou des catholiques fervents, ou de profonds hypocrites. Leur pitié ne connaît ni les adeptes des autres religions, ni le socialiste, ni l'athée. Pour tous ceux-ci, ils ont le *Vade retro satanas !* et les portes du sanctuaire même leur crieraient : *Anathème* si elles avaient des voix (1).

Pour consolation, le pauvre a la promesse d'un inaccessible paradis ; — nous disons inaccessible, puisque l'Eglise catholique ne le concède qu'à un très petit nombre d'élus ; — et la menace d'un Enfer éternel où les âmes doivent tomber par milliers pour la moindre faute qui sera restée sans pardon du prêtre à la dernière heure.

Terrifiée, l'âme du pauvre se renferme en

(1) A Nantes, dans la chapelle de Saint-François, l'auteur a entendu, il y a quelques années, une prêtre professeur dire en chaire : « Les protestants seront tous damnés ». Il est vrai qu'il s'empressa d'ajouter : « C'est dommage, car il y en a de bons ».

elle-même, ou se jette à corps perdu dans les Doctrines matérialistes qui lui promettent du moins le néant après la mort, c'est-à-dire l'impunité et la possibilité de se livrer sur la terre à tous les excès, pourvu que le coupable puisse échapper à la justice humaine. En ce cas, les efforts de l'humanité pour échapper au malheur la conduiront infailliblement au mal.

Il est donc temps qu'une synthèse régénératrice s'oppose aux fausses Doctrines ; il est temps que la science et la vérité nous conduisent vers un but élevé, par une voie sûre, où l'homme se connaisse lui-même, sache d'où il vient, ce qu'il est, où il va. Il faut connaître la loi de justice qui régit tous les êtres, la loi de solidarité qui les lie les uns les autres et celle de la Destinée éternelle qui les rassemblera tous.

Arrière les utopies des matérialistes, et les systèmes des églises. Nous n'allons ni au néant, ni à l'abîme ; nous ne sommes ni le fruit du hasard, ni les bannis du paradis terrestre ; nous sommes les enfants de Dieu, tous fils d'un même père, qui nous a imposé l'épreuve afin que, par elle, nous puissions conquérir l'unité divine à laquelle il nous convie.

Loin donc de nous reléguer dans l'exil intellectuel des matérialistes, ou de nous envelopper du voile d'erreurs tissé par l'Eglise, montons à la pure et sainte Lumière de la Vérité, montons à l'idéal Bonheur, montons à

Dieu qui nous a créés et veut un jour nous réunir en Lui. Elevons-nous au-dessus des petitesses et des passions de notre pauvre petite sphère terrestre ; et dans nos destinées futures, envisageons la liberté et l'amour promis à nos âmes enchaînées ici-bas, dans les liens grossiers de notre enveloppe charnelle.

Qu'est-ce que le mal ? Le mal est l'absence du bien. Dieu n'a pu créer que le bien ; si nous n'y sommes pas parvenus, c'est que nos âmes se sont laissé prendre dans mille liens matériels, et enténébrer par de fausses conceptions. Nous avons peut-être fermé volontairement les yeux à la lumière qui nous vient de là-haut.

D'une part, le matérialisme s'étend comme une lèpre qui menace de tout envahir ; d'un autre côté, les sectaires prétendent imposer d'impopulaires croyances à des dogmes dénués de toute base raisonnable. Quelle alternative pour l'âme inquiète et intellectuelle, chercheuse de vérité !

Mais, le Consolateur est venu aux heures où l'on a le plus besoin de son assistance. Il nous enseigne selon les promesses du Christ, et parle par la voix des Invisibles.

Nous avons compris suffisamment qu'il y a en nous un principe intellectuel qui n'est pas né de la matière. Ce principe, nous l'appelons âme, du latin *anima*, c'est-à-dire souffle, vie. Et nous pensons avec raison que si la matière se désagrège et se transforme, sans jamais perdre, en ces changements perpétuels, la moindre de ses parcelles, notre âme, principe intellectuel, ne doit pas, à plus forte raison, s'amoindrir ou se perdre. L'âme, notre moi conscient, la raison d'être de notre corps physique, ne verra jamais disparaître sa personnalité ; de là, une croyance parfaitement fondée à l'immortalité de l'âme.

Pour que cette âme, absolument immatérielle puisse s'unir au corps physique, il lui est adjoint un troisième élément qui, semi-matériel et semi spirituel, relie les deux entités. Ce sera donc le corps subtil, impondérable, le même que saint Paul appelle, dans ses Epîtres, le *corps spirituel,* que les occultistes désignent sous le nom de *corps astral,* et les spiritualistes modernes le *périsprit.*

Voici donc l'homme, l'être, parfaitement constitué, en ces trois états réunis du corps, de l'âme et du périsprit. A la mort, le corps retournera à la matière, d'où il est sorti, tandis que l'âme s'élancera dans l'espace, libérée de la chair et toujours entourée de son enveloppe fluidique, qui lui permettra de se communiquer, de se rendre tangible et visible à son gré, ou suivant les circonstances.

Voilà l'enseignement des Esprits doublé de l'enseignement du Christ lui-même, ainsi que chacun de nous peut s'en convaincre, en lisan d'une part la Doctrine spirite contenue dans les livres d'Allan Kardec, et, de l'autre, en étudiant attentivement le Nouveau Testament, dans les Evangiles et les Epîtres.

Disons en passant que ces livres d'Allan Kardec ont eu l'honneur de l'*auto-dafé* : ils ont été honnis, condamnés et brûlés, par ordre de l'évêque de Barcelone, en 1861. L'évêque de Barcelone et ses dignes assesseurs croyaient sans doute, en brûlant ces œuvres admirables, étouffer, ainsi qu'ils l'avaient fait pendant six siècles, dans la torture et sur les bûchers, la voix de ceux qui parlaient de vérité et de charité, ressuscitant la Doctrine de Jésus dans toute son intégrité. Mais ces pharisiens de notre époque se sont trompés : la voix des Esprits clame au nom de Dieu, et nul pouvoir humain n'étouffera jamais cette voix-là.

Pourquoi la Vérité et la Lumière gênent-elles ainsi les propagateurs du dogme ? C'est qu'elles font jaillir sur leur pouvoir, sur leurs richesses, sur leur outrecuidance la réprobation des peuples, appuyée par les enseignements de J.-C. Ecoutons plutôt :

« Alors Jésus parla à la foule et à ses disciples, en disant » : C'est sur la chaire de Moïse que se sont assis les Scribes et les Pharisiens ; toutes les choses qu'ils vous disent d'observer, observez-les et faites-les ; mais ne faites pas selon leurs œuvres, car ils disent et ne font

« pas. Car ils lient des fardeaux pesants et dif-
« ficiles à porter, et les mettent sur les épaules
« des hommes ; mais ils ne veulent point les
« remuer de leurs doigts. Et ils font toutes leurs
« œuvres pour être vus des hommes, car ils
« élargissent leurs philactères et agrandissent
« les bordures de leurs vêtements ; et ils affec-
« tionnent la première place dans les festins, et
« les premiers sièges dans les congrégations,
« et les salutations dans les places publiques ;
« et ils aiment à être appelés par les hommes :
« Rabbi ! Rabbi ! (Docteur ! Docteur !) Mais vous,
« qu'on ne vous appelle point Rabbi ; car un
« seul est votre Directeur, c'est le Christ ; et
« quant à vous tous, vous êtes frères. Et n'appelez
« personne sur la terre votre Père ; car un seul
« est votre Père, celui qui est dans les cieux. Et
« qu'on ne vous appelle pas non plus Directeurs ;
« car un seul est votre Directeur, c'est le Christ ;
« mais le plus grand d'entre vous est votre
« serviteur. Or, quiconque s'élèvera sera hu-
« milié, et quiconque s'humiliera sera élevé.

« Or, malheur à vous, Scribes et Pharisiens
« hypocrites ! parce que vous fermez le royaume
« des cieux devant les hommes ; car vous-
« mêmes, vous n'entrez pas, et ceux qui
« entrent, vous ne les laissez pas entrer.

« Malheur à vous, Scribes et Pharisiens
« hypocrites, parce que vous dévorez les maisons
« des veuves, et, pour prétexte, faites de

« longues prières ; c'est pourquoi vous subirez
« un jugement plus rigoureux.

— « Malheur à vous, Scribes et Pharisiens
« hypocrites, parce que vous purifiez le dehors
« de la coupe et du plat, tandis qu'au dedans
« ils sont remplis de rapine et d'incontinence.
« Pharisiens aveugles ! purifiez premièrement
« l'intérieur de la coupe et du plat, afin que
« l'extérieur aussi en soit pur.

— « Malheur à vous, Scribes et Pharisiens
« hypocrites, parce que vous bâtissez les sé-
« pulcres des prophètes, et que vous ornez les
« tombeaux des justes, et que vous dites :
« si nous avions été aux jours de nos pères, nous
« n'aurions pas été leurs complices dans le sang
« des prophètes. En sorte que vous vous rendez
« témoignage à vous-mêmes, que vous êtes les
« fils de ceux qui tuèrent les prophètes. Comblez
« vous aussi la mesure de vos pères. Serpents !
« races de vipères, comment fuirez-vous le
« jugement de la Gehenne ? C'est pourquoi
« voici que je vous envoie moi-même des pro-
« phètes, et des sages, et des scribes ; et vous
« en tuerez, et vous en crucifierez, et vous en
« flagellerez dans vos congrégations, et vous
« les persécuterez de ville en ville, afin que
« vienne sur vous tout le sang qui a été versé
« sur la terre, depuis le sang d'Abel le juste
« jusqu'au sang de Zacharie, fils de Barachie,
« que vous avez tué entre le temple et l'autel.

« Jérusalem ! Jérusalem ! qui tues les pro-
« phètes et lapides ceux qui te sont envoyés,
« combien de fois ai-je voulu rassembler tes
« enfants comme la poule rassemble ses pous-
« sins sous ses ailes, et vous ne l'avez pas
« voulu ! Voici que votre maison vous est laissée
« déserte ; car je vous le dis, vous ne me verrez
« plus dès maintenant, jusqu'à ce que vous
« disiez : Béni soit celui qui vient au nom du
« Seigneur ».

Ne croirait-on pas, en lisant ces pages du Livre sacré, sentir que le regard perçant du Christ apercevait, dans la suite des âges, toutes les déprédations commises en son nom ? Ne dirait-on pas que Jésus s'adresse parfois, non aux Pharisiens du pays de Judée, mais aux Pharisiens de notre temps et de notre pays ? Ces vêtements *rendus superbes*, n'est-ce point la robe de nos évêques ou les chasubles de nos prêtres ? Qui a toujours la première place dans les congrégations ?...

Qui est-ce qui, sous le prétexte des longues prières, dévore les héritages et les maisons des veuves ?

Qui est-ce qui révère les tombeaux des prophètes d'autrefois, et persécute nos prophètes d'aujourd'hui, de ville en ville ?

Est-ce que *leur maison* ne va pas devenir bientôt de plus en plus déserte parce qu'ils ont méprisé et changé les paroles du Christ ?

Quand donc direz-vous : Béni soit celui qui vient au nom du Seigneur !

Celui qui vient maintenant au nom du Seigneur, c'est le Spiritisme béni qui console et qui élève l'âme, en lui apprenant à résoudre le grand problème de l'Au-delà, après lui avoir fait comprendre le pourquoi de sa propre existence.

Arrière donc aux dogmes, aux pompeuses cérémonies du culte qui voilent la vérité ; repoussons les quêtes qui dépouillent le pauvre pour enrichir une église trop autoritaire et augmenter son pouvoir.

Revenons aux maximes du Christ qui ne voulait pas de culte extérieur ? Qu'avez-vous besoin d'un intermédiaire humain, peut-être plus misérable que nous, pour mettre votre âme immortelle en présence de son créateur ? Vous rabaissez cette âme au niveau d'une machine si vous avez besoin des jugements d'un autre que vous, ici-bas, pour vous élever. Regardez donc les cieux éclatants, l'espace sans limites où les mondes tournoient et que remplit la Pensée infinie ! Ne renfermez pas en ce misérable milieu terrestre et votre conscience et votre cœur ; mais d'un essor confiant, allez vous plonger dans la grande âme de l'Univers, en Dieu, votre Créateur et votre Père. Pas de voiles entre Lui et vous !

Qui nous dira si nous sommes pardonnés? objectent les catholiques.

— Moi ! répond la conscience, qui est la voix de Dieu en nous.

Cette âme immortelle qui vit en vous, en est-elle à sa première existence ? Impuissante, faible, loin de la perfection, va-t-elle, d'un seul élan, franchir tous les degrés qui séparent l'humanité de la Divinité ?... Grave question qui ne peut être résolue qu'en faveur de la pluralité des existences. En effet, qu'est-ce que le temps d'une vie considéré au point de vue de l'Eternité ? L'enfant que la mort emporte au berceau a-t-il droit à la même récompense, à la même félicité qu'un homme qui a poursuivi un idéal de perfectionnement pendant de longues années d'épreuves ? Un criminel se réhabilitera-t-il dans l'au-delà ? Un esprit brutal et complètement illettré comprendra-t-il tout à coup, au sortir de son corps, ce qu'il n'a jamais entrevu ici ?

Puis vient la question des inégalités sociales. Qui la tranchera ?

Pourquoi le pauvre ? Pourquoi le riche ? Pourquoi l'être intelligent, l'homme de génie ? Pourquoi l'être dégradé, la brute humaine ?

N'ont-ils pas cependant le même but, la

même fin, les mêmes lois corporelles et vitales ?

L'avenir mystérieux vers lequel ils se dirigent n'est-il pas le même ?

Où trouverions-nous, dans toutes ces inégalités humaines et sociales, l'idée de justice innée qui doit se détacher du plan divin.

« La pluralité des existences, dit Léon Denis, peut seule expliquer la diversité des caractères, la variété des aptitudes, la disproportion des qualités morales, en un mot toutes les inégalités qui frappent nos regards.

« En dehors de cette loi, on se demanderait en vain pourquoi certains hommes possèdent le talent, de nobles sentiments, des aspirations élevées, alors que d'autres n'ont en partage que sottise, passions viles et instincts grossiers.

« Que penser d'un Dieu qui, en nous assignant une seule vie corporelle, nous aurait fait des parts aussi inégales, et du sauvage au civilisé, aurait réservé aux hommes des biens si peu assortis et un niveau moral si différent ? Sans la loi des réincarnations, c'est « l'iniquité qui gouverne le monde. » (*Après la mort.*)

On peut se demander maintenant d'où nous venons. L'évolution animique a-t-elle commencé par les plus bas degrés de l'échelle des êtres ? L'âme a-t-elle été semée sur les mondes comme un embryon d'essence intelligente, destinée à parcourir tous les états de vie, d'abord rudimentaire, pour s'élever de plus en plus jusqu'à l'état de l'être puissant ?

« La question est encore pendante, dit Léon
« Denis (*Après la mort*). Le sentiment de l'abso-
« lue justice nous dit que l'animal, pas plus que
« l'homme, ne doit vivre et souffrir en vue du
« néant. Une chaîne ascendante et continue
« semble relier toutes les créations, le minéral
« au végétal, le végétal à l'animal, et celui-ci à
« l'homme. Elle peut les relier doublement, au
« matériel comme au spirituel. Ces deux formes
« de l'évolution sont parallèles et solidaires, la
« vie n'étant qu'une manifestation de l'esprit
« qui se traduit par le mouvement.

« L'âme, après une lente élaboration, parvient
« à l'état humain ; là, elle acquiert la connais-
« sance et ne peut plus descendre. A tous les
« degrés, les formes qu'elle revêt sont l'expres-
« sion de sa valeur propre ; la situation qu'elle
« occupe dans la chaîne des êtres est toujours
« adéquate à son état d'avancement. Il ne faut
« pas accuser Dieu d'avoir créé des formes hi-
« deuses et malfaisantes. Les êtres ne peuvent
« avoir d'autres apparences que celles résul-
« tant de leurs tendances et des habitudes con-
« tractées. Il arrive que des âmes humaines choi-
« sissent des corps débiles et souffreteux pour
« comprimer leurs passions et acquérir les qua-
« lités nécessaires à leur avancement ; mais

« dans la nature inférieure, aucun choix ne sau-
« rait s'exercer, l'être retombe forcément sous
« l'empire des attractions qu'il a développées en
« lui.

« Ce développement graduel peut être constaté par tout observateur attentif. Chez les
animaux domestiques, les différences de caractères sont appréciables. Dans les mêmes espèces, certains individus paraissent beaucoup
plus avancés que d'autres. Quelques-uns
possèdent des qualités qui les rapprochent
sensiblement de l'homme, et sont susceptibles
d'affection et de dévouement. La matière étant
incapable d'aimer et de sentir, il faut bien admettre l'existence en eux d'une âme em-
bryonnaire.

« Il n'est d'ailleurs rien de plus grand, de
plus juste, de plus conforme à la loi du progrès
que cette ascension des âmes s'opérant par
étapes successives au cours desquelles elles se
forment elles-mêmes, s'affranchissent peu
à peu des lourds instincts, brisent leur
carapace d'égoïsme pour s'éveiller à la raison,
à l'amour, à la liberté. Il est souverainement
équitable qu'un même apprentissage soit subi
par tous et que chaque être ne gagne un état
supérieur qu'après avoir acquis des aptitudes
nouvelles.

« Le jour où l'âme, parvenue à l'état humain, a
conquis son autonomie, sa responsabilité mo-

« râle et compris le devoir, elle n'a pas pou[r]
« cela atteint son but, terminé son évolution.
« Loin de finir, son œuvre réelle commence ; de
« nouvelles tâches l'appellent. Les luttes du
« passé ne sont que le prélude de celles que
« l'avenir lui réserve ; ses renaissances en de[s]
« corps charnels se succéderont sur ce globe.
« Chaque fois elle reprendra, avec des organe[s]
« rajeunis, l'œuvre de perfectionnement inter
« rompue par la mort, pour la poursuivre e[t]
« avancer plus loin. Voyageuse éternelle, l'âm[e]
« doit monter ainsi de sphère en sphère vers l[e]
« bien, vers la raison infinie, acquérir ainsi d[e]
« nouveaux grades, croître en science, en sa[-]
« gesse, en vertu. »

Cette définition du pourquoi de la pluralit[é]
de nos existences est claire et haute. C'est la r[é-]
ponse à tous les doutes, suivant la justice, l[e]
bon sens, la raison.

C'est du reste ce qu'apprennent les initiation[s]
anciennes de toutes les religions et même de l[a]
religion chrétienne.

Nous ne pourrions trouver une solutio[n]
meilleure et plus rationnelle au doute q[ui]
préoccupe l'humanité pensante. Avec la plur[a-]
lité des existences, nous expions nous-même[s]
par la plus juste des lois, les fautes du passé,
nous nous élevons, par nos propres mérites,
la destinée des âmes dans l'Au-delà, au dess[us]

les troubles de la terre et des dissensions humaines.

Si le but de nos destinées est grandiose comme l'infini, nous devons donc, dès ici-bas, nous préparer une arrivée propice dans ce port de toutes les âmes. Et si nous songeons souvent à ce but, notre vie s'élèvera avec nos pensées. Que nous importeront alors les mesquines ambitions de la terre, les fortunes décevantes ? Nous ne porterons plus nos désirs troublés vers les amours charnelles ; nous ne nous attarderons plus au milieu des plaisirs grossiers et des jouissances matérielles. Au contraire, un sentiment élevé nous conduira par la route du devoir, de l'amour de nos frères, de la charité pour tous, vers l'Idéal divin où tendront tous nos vœux. Et pour nous aider, les forces de l'Au-delà nous seront données ; nous nous sentirons attirés, soulevés, portés dans une sérénité que ne pourront pas même détruire les douleurs inhérentes à notre condition terrestre. « Ce que l'homme doit chercher dans sa course, c'est à la fois la science et l'amour » (L. Denis). Oui, la science de l'Univers et de nous-mêmes, surtout ; la science de ce qui nous entoure et celle de l'Infini. Et l'amour de ce qui est bon, grand et beau, suivant le véritable sens de ces mots ; et la charité qui nous fait confondre tous les hommes dans une même fraternité et une même solidarité.

Nous pourrons alors mépriser les douleurs et même la mort, surtout la mort ; car, loin de voir en elle le fantôme macabre qui vient arracher les vivants à leur demeure, à leur famille, à tous ce qu'ils aiment sur la terre, nous la découvrirons sous son véritable aspect, et ce sera alors la figure de l'ange qui se penche en souriant pour ouvrir à l'âme la porte de sa prison, et lui donner la liberté dans un libre vol à travers l'espace.

Est-ce qu'en réalité il y a une mort ? Non. C'est l'enveloppe périssable de l'âme qui tombe, ayant achevé son œuvre ; c'est l'outil usé que l'ouvrier jette au rebut ; c'est la chrysalide que le papillon abandonne pour prendre son essor au milieu des fleurs. La mort, c'est la délivrance, c'est l'oiseau libéré de sa cage, le prisonnier gracié de sa captivité ; c'est la fin des maux et le commencement de la vie, de la vraie vie, de celle pour laquelle tout esprit a été créé.

Le poisson a été fait pour l'eau, l'oiseau pour l'air, et l'esprit, pour l'espace, qui est son véritable élément ; le corps de chair qui l'emporte momentanément n'est pour lui qu'une prison.

Si nous étions bien sûrs de ces vérités, si nous avions laissé notre esprit s'en pénétrer, au lieu de redouter la mort comme un suprême malheur, nous ne trouverions en elle ni deuil, ni terreur; au lieu de larmes, nous lui donnerions des sourires; car, loin d'être la fin, elle est le commencement : c'est la fête de l'âme qui retrouve sa Patrie !

Nous pouvons tendre les bras sans crainte à nos voyageurs de l'espace, sachant que si nous ne pouvons les voir, eux, au contraire, nous voient, et libres, reviennent souvent près de nous, pour nous aider et nous protéger.

Cependant nous prévoyons ici une objection : pourquoi, si nous avons vécu plusieurs fois, avons-nous perdu tout souvenir de nos vies précédentes ?

Chers lecteurs, je charge de la réponse à vos doutes notre éminent écrivain spiritualiste :

« Cet obstacle d'apparence redoutable, dit
« Léon Denis, est facile à écarter. La mémoire
« des choses vécues, des actes accomplis, n'est
« pas une condition essentielle de l'existence.
« Aucun de nous ne se souvient du temps
« passé au berceau. Peu d'hommes conservent
« la mémoire des impressions et des actes de la
« première enfance. Ce sont là, pourtant, des
« parties intégrantes de notre existence actuelle.
« Chaque matin, au réveil, nous perdons le
« souvenir de la plupart de nos rêves, quoique
« ces rêves nous aient semblé, dans le mo-
« ment, autant de réalités. Il ne nous reste
« que les sensations confuses éprouvées par

« l'Esprit retombé sous l'influence matérielle.

« Nos jours et nos nuits sont comme nos vies
« terrestres et spirituelles, et le sommeil paraît
« aussi inexplicable que la mort. Tous deux
« nous transportent dans des milieux distincts
« et dans des conditions différentes, ce qui
« n'empêche pas notre identité de se mainte-
« nir et de persister à travers ces états variés.

« Dans le sommeil magnétique, l'esprit, dé-
« gagé du corps, se souvient de choses qu'il
« oubliera à son retour dans la chair, mais dont
« il ressaisira l'enchaînement en revenant à
« l'état lucide. Cet état de sommeil provoqué
« développe chez les somnambules des aptitudes
« spéciales qui disparaissent à l'état de veille,
« étouffées, annihilées par l'enveloppe corpo-
« relle.

« Dans ces diverses conditions, l'être psy-
« chique paraît posséder deux états de cons-
« cience, deux phases alternées de l'existence
« qui s'enchaînent et s'enroulent l'une autour
« de l'autre. L'oubli, ainsi qu'un épais rideau,
« sépare le sommeil de l'état de veille, comme
« il sépare chaque vie terrestre des existences
« antérieures et de la vie de l'espace.

« Si les impressions ressenties par l'âme dans
« le cours de la vie actuelle, à l'état de dégage-
« ment complet, soit par le sommeil naturel,
« soit par le sommeil provoqué, ne peuvent
« être transmises au cerveau, on doit com-

« prendre que les souvenirs d'une vie antérieure
« le seraient plus difficilement encore. Le cer-
« veau ne peut recevoir et emmagasiner que les
« impressions communiquées par l'âme à l'état
« de captivité dans la matière. La mémoire ne
« saurait reproduire que ce qu'elle a enregis-
« tré.

« A chaque renaissance, l'organe cérébral
« constitue, pour nous, comme un livre neuf sur
« lequel se gravent les sensations et les images.
« Rentrée dans la chair, l'âme perd le souvenir
« de tout ce qu'elle a vu et accompli à l'état
« libre, et elle ne le retrouvera qu'en abandon-
« nant de nouveau sa prison temporaire.

« L'oubli du passé est pour l'homme la condi-
« tion indispensable de toute épreuve et de tout
« progrès terrestre. Ce passé de chacun de nous
« a des taches et des souillures. En parcourant
« la série des temps évanouis, en traversant les
« âges de brutalité, nous avons dû accumuler
« bien des fautes, bien des iniquités. Echappés
« d'hier à la barbarie, le fardeau de ces souve-
« nirs serait accablant pour nous. La vie ter-
« restre est parfois lourde à porter. Elle le serait
« bien plus encore, si au cortège de nos maux
« présents venait s'ajouter la mémoire des
« souffrances ou des hontes passées.

« Le souvenir de nos vies antérieures ne se-
« rait-il pas également le souvenir du passé des
« autres ? En remontant la chaîne de nos exis-

« tences, la trame de notre propre histoire, nous
« retrouverions la trace des actions de nos sem-
« blables. Les inimitiés se perpétueraient ; les
« rivalités, les haines, les discordes se ravive-
« raient de vies en vies, de siècle en siècle.

« Sans l'oubli, les grands coupables, les
« criminels célèbres seraient marqués pour
« l'éternité. Nous voyons les condamnés de la
« justice humaine, leur punition subie, pour-
« suivis par la défiance universelle ; repoussés
« avec horreur par une société qui leur refuse
« une place dans son sein et les rejette par là
« même dans l'armée du mal. Que serait-ce si
« les crimes du passé lointain se retraçaient
« à la vue de tous ?

« Pour certains hommes, ce passé n'est ce-
« pendant pas absolument effacé. Le sentiment
« confus de ce qu'ils ont été couve au fond de
« leur conscience. C'est la source des intui-
« tions, des idées innées, des vagues souvenirs
« et des mystérieux pressentiments, comme un
« écho affaibli des temps écoulés. En consul-
« tant ces impressions, en s'étudiant soi-même
« avec attention, il ne serait pas impossible de
« reconstituer ce passé, sinon dans ses détails,
« au moins dans ses traits principaux.

« Mais à l'issue de chaque existence, ces sou-
« venirs lointains ressuscitent en foule et sor-
« tent de l'ombre. Nous avançons pas à pas, en
« tâtonnant dans la vie. La mort venue, tout

« s'éclaire. Le passé explique le présent et l'ave-
« nir s'illumine d'un rayon nouveau.

« L'âme, rendue à la vie spirituelle, recouvre
« la plénitude de ses facultés. Alors commence
« pour elle une période d'examen, de repos, de
« recueillement pendant laquelle elle se juge et
« mesure le chemin parcouru. Elle reçoit les
« avis, les conseils d'Esprits plus avancés. Guidée
« par eux, elle prendra des résolutions viriles,
« et le temps venu, choisissant un milieu fa-
« vorable, elle redescendra dans un nouveau
« corps, afin de s'y améliorer par le travail et
« la souffrance.

« Revenue dans la chair, l'âme perdra encore
« la mémoire de ses vies passées, en même
« temps que le souvenir de cette vie spirituelle,
« la seule *vraiment* libre et complète, près de
« laquelle le séjour terrestre lui paraît affreux. »

***

Le monde de l'Au-delà est le monde des fluides ; c'est aussi le monde des formes. L'Esprit y revêt, à l'état fluidique, toutes les formes que prescrit sa volonté.

La théologie chrétienne affirme que d'innombrables Esprits nous environnent, foule invisible à nos yeux, mais dont l'existence ne saurait être mise en doute. Nous sommes d'accord en cela avec la théologie chrétienne, et nous ajoutons que ces Esprits sont des âmes revêtues d'un corps fluidique. Nos organes grossiers ne peuvent les apercevoir ; cet état quintessencié de la matière est aussi invisible pour nous que l'infiniment petit et l'infiniment éloigné.

Cependant, il est donné à ces Esprits des moyens pour se communiquer aux hommes, pour se rendre visibles et tangibles ; et depuis le commencement du monde, il y a eu des phénomènes occultes. La preuve a été donnée ainsi à l'humanité de la terre de l'humanité invisible qui l'entoure.

Ces vérités sont aujourd'hui répandues en tous pays.

Le fluide ou périsprit qui accompagne l'âme en toutes ses évolutions et forme avec elle ce qu'on appelle l'Esprit, est plus ou moins subtil, selon les aspirations de l'âme qu'il enveloppe. Il voit et entend par lui-même, sans le secours des sens ou organes du corps. Ceux-ci, au contraire, sont plutôt un empêchement, un obstacle à sa puissance, car ils ne sont, à proprement parler, que les conduits par lesquels les objets extérieurs se communiquent à l'Esprit incarné.

La mort est le dégagement de l'Esprit de sa prison de chair et son retour à la vie de l'espace. Ce dégagement s'opère graduellement ; pour les uns, il est depuis longtemps commencé à l'heure de la mort, soit par les souffrances physiques, soit par l'élévation morale de l'être spirituel. L'agonie est ordinairement le moment où les liens fluidiques se dénouent de l'enveloppe physique. Plus l'homme a d'attaches à la vie terrestre, plus cette séparation est difficile et douloureuse. Au contraire, pour ceux qui, détachés d'avance, ont estimé les biens de la terre à leur juste valeur, en désirant ceux de l'Au-delà, la mort n'est qu'un sommeil, un instant d'oubli précédant un rêve délicieux.

Pour la plupart des humains, la mort est suivie d'un état de trouble, qui dure plus ou moins longtemps, toujours d'après la nature de l'Esprit qui vient de quitter son corps. Pour le Juste, ce trouble ne dure qu'un instant ; pour l'homme charnel, il peut durer des mois ; il est même des Esprits très attachés à la terre, qui ne peuvent se persuader qu'ils sont morts, et qui continuent à errer dans leurs demeures.

Des esprits coupables se trouvent plongés dans une cruelle solitude ; d'autres restent comme rivés aux lieux où ils ont commis des crimes ; la punition la plus ordinaire de ceux-ci est la vue constante de leurs victimes. Les suicidés sont les plus punis, parce qu'ils ont décidé d'eux-mêmes sans attendre le terme que Dieu avait mis à leur épreuve.

Mais pour le juste, pour l'âme purifiée par ses épreuves et son désir de l'Au-delà, la vie de l'espace est une vie délicieuse. L'Esprit, enivré de joie dans la lumière spirituelle à laquelle il perçoit les inénarrables beautés de l'espace et des mondes, l'Esprit se trouve plongé dans un bonheur dont rien sur la terre n'a pu lui donner la plus faible idée.

C'est ainsi que l'Esprit désincarné trouve en lui-même sa récompense ou sa punition. Il ne subit pas les reproches d'un Dieu vengeur; il se juge lui-même et ses propres remords se chargent de sa punition, s'il se reconnaît coupable.

Et quand toutes ses incarnations sont finies, que l'Esprit purifié peut rentrer dans le sein de Dieu, de quelles délices n'est-il pas comblé ! La terre n'a point de mot pour dépeindre le divin dans sa pure essence.

∗ ∗ ∗

Nous l'avons déjà dit, il n'y a pas d'Enfer et il n'y a pas de démons, par la raison même de la bonté infinie de Dieu et de sa justice infinie; car l'injustice d'une créature ne peut atteindre l'Incréé, et il ne serait pas l'Incréé et l'Absolu, par conséquent Dieu, s'il punissait d'un supplice sans fin l'offense d'un être borné. Du reste, la plupart de nos fautes n'ont pas la Majesté de Dieu pour objet; elles s'adressent plutôt aux hommes, nos semblables, et retombent le plus souvent sur nous-mêmes.

Cette idée de l'Enfer et des démons une fois

écartée il restera néanmoins celle des Esprits mauvais et du châtiment: seulement, ce châtiment sera le résultat de la faute commise et non celui d'une aveugle vengeance. L'Esprit douloureux recevra la peine du talion : ainsi l'orgueilleux sera puni par son orgueil même ; l'avare par la perte de ses richesses ; les criminels souffriront de la vue incessante de leurs victimes. C'est alors qu'étant éclairés sur la grandeur et la portée de leurs fautes, les Esprits malheureux demanderont la réincarnation, afin de se réintégrer, par une épreuve nouvelle, et d'arriver à des destinées meilleures.

Et, à ce propos, nous devons considérer la terre comme l'un des mondes inférieurs, où l'Esprit se purifie dans l'épreuve, parmi des maux de tous genres.

Si le Catholicisme a interdit à ses adeptes la pratique du Spiritisme, en leur affirmant que les démons seuls peuvent se manifester aux hommes, le Catholicisme a failli en cela à la vérité. Il y a dans cette interdiction un but qu'il n'est pas difficile de découvrir : en empêchant les vivants, — simples fidèles — de communiquer avec les morts, l'Eglise se garde exclusivement le bénéfice de ces communications, d'où, Elle le sait bien, doivent jaillir la Science et la Lumière. Elle a traité de sorcellerie toute correspondance avec les Esprits supérieurs qui enseignaient au nom du Christ ; Elle a attribué aux Esprits inférieurs qui se manifestent le nom de démons ; enfin, ne pouvant faire taire complètement la voix des morts, ni défendre à ceux-ci d'apparaître, elle a trouvé un troisième moyen d'expliquer ces communications et ces apparitions ; elle les a désignées ainsi : *Les âmes du Purgatoire qui demandent des prières.*

Les âmes du Purgatoire ! Les âmes souffrantes ! L'explication est d'autant mieux trouvée qu'elle doit devenir, pour le prêtre catholique, un excellent rapport, car, voilà les pauvres dévots qui, s'imaginant que l'un des leurs brûle dans le feu du Purgatoire, et vient leur demander de l'aider à en sortir, s'empressent de commander des messes, prières payées, et de vider leur bourse dans les mains du prêtre.

Pourquoi ces prières payées valent-elles mieux que celles que vous pourriez dire vous-mêmes ?

— Parce que, répondent les fervents catholiques, nous avons ainsi le saint Sacrifice de la Messe, qui est le renouvellement du Sacrifice de la Croix, et *que l'offrande renouvelée du corps du Seigneur* est d'un prix infini pour le rachat des âmes souffrantes.

— Mais en quoi cette offrande renouvelée a-t-elle un si grand mérite à vos yeux ?

— Parce que, pour le salut du genre humain, Dieu a sacrifié son Fils unique.

— Il fallait donc, pour sauver le genre humain,

pour racheter une faute : un crime ? un peuple maudit : les Juifs ? un meurtrier perdu sans retour : Judas ? — Nous ne pouvons admettre la réparation d'un mal par un mal plus grand encore... le rachat d'une faute par la malédiction d'un homme, d'un peuple, et la mort d'un Dieu, iniquité sans borne ! le mal ne saurait racheter le mal.

Nous avons déjà traité, au chapitre de la Doctrine spiritualiste, de l'impossibilité d'admettre le dogme de l'Incarnation et celui de la Transubstantiation en face de Dieu, principe absolu, Créateur de l'Univers infini. Et nous répétons ici qu'il est blasphématoire de soutenir que Dieu s'est fait anthropomorphe, car c'est une grave atteinte à son immutabilité que d'admettre un seul instant qu'il s'est fait homme comme nous, c'est-à-dire qu'il a allié sa divinité à l'atomie que nous sommes.

Que dire du dogme qui enseigne que Dieu *se fait* un morceau de pain ?... Ce morceau de pain absorbé par les fidèles à l'issue de l'office et qui *passe dans chaque bouche, descend dans chaque viscère*, et va se mêler à ce qu'il y a de plus vil dans l'homme !

Encore une fois, adorez Dieu âme de l'Univers, mais ne vous faites pas des idoles.

« Dieu est Esprit. Il veut être adoré en Esprit et en vérité » (Evangile).

Priez-le donc pour les vôtres, priez-le pour

vous-mêmes, sans avoir besoin d'un organe étranger, cet organe fût-il sacro-saint : du moment qu'il est payé, cet organe cesse d'être pur ; et votre voix à vous sera entendue, purifiée par le dévouement et l'amour.

Priez pour vous-mêmes. Qu'importe à l'étranger le sort d'un étranger ? Tandis que le sort de nos aimés touche à notre bonheur personnel. Et « nos prières ardentes, semblables à des jets lumineux ou à des vibrations harmonieuses, les éclairent et dilatent leur être. »

(*Après la mort*, L. DENIS).

Et n'oubliez pas que l'Esprit désincarné ne peut en aucun cas se délivrer de sa souffrance ou s'élever *par le mérite des autres*. Le dogme des Indulgences, établi vers le XIe siècle, a plus apporté d'argent à l'Eglise romaine que de soulagement aux âmes souffrantes. L'Esprit souffrant peut être consolé, élevé, soutenu par nos prières ; mais ses épreuves seules lui seront comptées, et seules, elles l'amèneront à la réintégration entière de son être en Dieu.

Communiquez donc sans scrupules avec les vôtres, partis dans la vie de l'espace ; évoquez-les, appelez-les ; ils viendront à vous, ainsi que les morts chéris venaient aux évocations des premiers chrétiens, dans ces temps qu'on pouvait vraiment appeler *les siècles de foi*, car l'âme sortait toute simple de l'enseignement de Jésus, et n'était ni assujettie, ni enténébrée par aucun dogme.

Ils vous diront où ils sont, ce qu'ils font, ce qu'ils pensent. Ils vous conseilleront, s'ils sont élevés, et vous les aiderez de vos propres prières, s'ils sont souffrants.

L'invisible nous entoure. Les désincarnés et les incarnés sont la famille de Dieu, les enfants du même Père. Les deux humanités se pénètrent et peuvent se secourir mutuellement.

Voilà la vérité.

Prenez garde d'avoir aperçu en vain cette grande lumière que le Spiritisme vous apporte. Prenez garde de repousser cette lumière pour rester, de préférence, plongés dans les ténèbres et la solitude du cœur. C'est un coin du voile de l'Au-delà qui se soulève pour vous. Rendez grâces à Dieu! et ne laissez pas retomber ce voile entre vous et l'Au-delà. Ne laissez pas passer inutile pour vous l'heure de la Rénovation!

⁎
⁎ ⁎

Nous avons dit que les deux humanités, incarnée et désincarnée, se pénètrent sans cesse.

Nous pourrions presque ajouter qu'elles sont toutes deux la même humanité. En effet, les incarnés d'aujourd'hui seront les désincarnés de demain ; ceux qui habitent en ce moment l'espace seront bientôt, pour la plupart, les habitants des mondes.

De cette loi des réincarnations, il s'ensuit encore que le pauvre qui vous tend la main a pu être, dans une précédente existence, votre égal ou votre supérieur ; la loi de la solidarité vous conseille d'aider et de soutenir vos frères ici-bas, de même qu'elle vous conseille d'aider de vos consolations vos frères de l'espace.

La loi de Dieu vous démontre en tout la justice et l'égalité : quelles différences voyez-vous entre le corps d'un riche et celui d'un pauvre ? Celui-ci sera-t-il plus grossièrement construit ? Sa forme sera-t-elle moins parfaite ? Ses organes seront-ils moins bons ?

Non. Les biens de la vie sont distribués avec une égale impartialité dans le cycle de vos existences. Profitez donc de la grande leçon que vous donne la Nature elle-même. Tous les enfants de Dieu sont faits sur un modèle semblable ; la couleur du sang est la même ; la beauté, la laideur se trouvent à tous les rangs. Nous ajouterons qu'il en est ainsi de la délicatesse de l'âme et de ses autres qualités. Une seule différence peut être faite pour l'instruction, que chaque esprit possède à des degrés différents ; mais cette instruction est plus spécialement la part du riche, puisqu'elle s'acquiert avec de l'argent. Vous ne pourriez admettre que l'or soit un signe indéniable de grandeur d'élévation morale ? Vous n'oseriez prétendre qu'un homme riche est plus élevé qu'un homme pauvre, dans l'échelle sociale, par cela même que l'homme riche a plus d'or à sa disposition.

Enfin, la loi de la mort est la même pour tous, et riches et pauvres sont égaux devant elle.

Si vous nous objectez que beaucoup d'hommes du peuple se vautrent dans des vices grossiers, nous vous répondrons que le riche pourrait descendre aussi bas, s'il n'avait pas des moyens à sa disposition, pour faire autrement. En rapport avec son bagage intellectuel, il doit être plus haut que son frère déshérité :

« On demandera plus à celui qui aura reçu davantage » (Evangile).

La morale du matérialiste se base sur l'honneur, autrement dit, sur le respect que chacun doit avoir pour soi-même dans ses propres actes. Si le matérialiste n'a pas ce principe de l'honneur, il peut rouler à toutes les bassesses, avec cette idée qu'il faut jouir le plus possible de toutes choses enviables, puisque la fin de tout, c'est le néant.

La plupart des sectaires des Eglises pratiquent la vertu par crainte des châtiments du purgatoire et de l'enfer ; encore en est-il beaucoup parmi eux qui pensent qu'on peut se passer de moralité (pourvu que le scandale soit évité,) puisqu'ils ont à leur disposition la formule d'absolution que le prêtre prononcera sur eux, dès qu'ils la solliciteront au confessionnal.

Seul le spiritualiste qui connaît le but élevé de cette vie, et ne relève que de Dieu et de sa conscience, se maintiendra naturellement dans les principes d'honneur, de moralité et de vertu.

Le matérialiste nie.

Le sectaire se trompe.

Le spiritualiste possède la Vérité immuable et divine soutenue par la science. Il appuiera sa croyance de ses actes, et marchera, aussi pur que possible, en présence de Dieu, dans la solidarité avec ses frères.

Il marchera dans le sentier du devoir, quelque pénible que puisse lui paraître celui-ci, parce que le devoir accompli est la condition de sa paix avec lui-même. Le spiritualiste sait « que la responsabilité est corrélative au savoir, « que la possession des secrets d'outre-tombe « lui impose l'obligation de travailler avec plus « d'énergie à son amélioration et à celle de « ses frères. Les voix d'en haut ont fait vibrer « en lui des échos, réveillé des forces qui sommeillent chez la plupart des hommes ; elles le « sollicitent puissamment dans sa marche as-« censionnelle. Un noble idéal le réchauffe et le « tourmente à la fois, en fait la risée des mé-

« chants ; mais il ne changerait pas, pour tous
« les trésors d'un empire. La pratique de la cha-
« rité lui est devenue facile. Elle lui a appris à
« développer sa sensibilité et ses qualités affec-
« tives. Compatissant et bon, il souffre de
« tous les maux de l'humanité ; il veut répandre
« sur ses compagnons d'infortune les espé-
« rances qui le soutiennent ; il voudrait essuyer
« toutes les larmes, panser toutes les plaies,
« supprimer toutes les douleurs. »

(Léon Denis, *Après la Mort*).

Quel portrait du vrai spiritualiste par cette plume éloquente et autorisée !

Voyons encore cette description des formes du devoir :

« Soumettons-nous à une discipline rigou-
« reuse. Comme on donne à l'arbuste la forme
« et la direction convenables, nous pouvons
« régler les tendances de notre être moral.
« L'habitude du bien en rend la pratique aisée.
« Seuls, les premiers efforts sont pénibles. Ap-
« prenons avant tout à nous dominer. Les im-
« pressions sont fugitives et changeantes ; la
« volonté est le fond solide de l'âme. Sachons
« gouverner cette volonté, maîtriser les impres-
« sions, ne jamais nous laisser dominer par
« elles. »

« Evitons les conversations frivoles, les

« propos oiseux qui conduisent à la médisance.
« Quel que puisse être le résultat, disons tou-
« jours la vérité. Retrempons-nous souvent
« dans l'étude et le recueillement. L'âme y
« trouve de nouvelles forces, de nouvelles lu-
« mières. Puissions-nous nous dire, à la fin de
« chaque jour : j'ai fait œuvre utile, j'ai rem-
« porté quelques succès sur moi-même, se-
« couru, consolé des malheureux, éclairé mes
« frères, travaillé à les rendre meilleurs. J'ai
« rempli mon devoir. »

(LÉON DENIS).

Ne soyons donc ni orgueilleux, ni égoïstes. Tous les hommes sont pétris de la même substance, et ils se doivent aide et secours.

Nous devons aider nos frères par nos actes et par nos paroles. Parmi les souffrants, les uns sont des pauvres, les autres des affligés ; faisons aux uns l'aumône de nos consolations ; aux autres, donnons le pain, l'abri et le vêtement. Il nous est si facile de bien accueillir tout le monde, de serrer toutes les mains qui se tendent vers nous, avec cette pensée que ce sont nos semblables qui nous entourent. Car l'origine de tous est commune, et devant Dieu, il n'y a en vérité ni fortune, ni noblesse, ni beauté que la fortune, la noblesse et la beauté d'une âme vertueuse.

Il faut aussi supporter avec patience les imperfections de ceux que nous aimons, avec qui nous vivons, nous inspirant toujours, dans toute notre conduite, de ces paroles du Christ :

« Aimez-vous les uns les autres. — Faites
« aux autres ce que vous voudriez qu'on vous
« fît. »

Ces sublimes paroles résument toute la charité. Avec elles, la bonté s'impose, la haine est bannie et la vengeance, défendue.

Avec elles encore, nous ne devons juger les actions de personne, parce qu'à la place du coupable, nous eussions pu tomber comme lui, peut-être plus bas que lui. Ne rebutons jamais personne ; le moyen de réhabiliter ce coupable, c'est de l'aider à se relever. Soyons donc bons pour tous, et chaque fois qu'un pardon nous est demandé, tendons les deux mains à celui qui l'implore.

L'amour est la grande loi du spiritualiste et du chrétien. Il part de Dieu, qui en est le foyer, et se répand sur l'univers, pour en embrasser tous les êtres. Soleil ardent de la Divinité, il éclaire, réchauffe, anime les mondes que lui-même a formés. Et, jetant ses étincelles au cœur de tous les hommes, il les unit dans un même sentiment sur la terre, pour les rassembler un jour au sein de la Divinité.

La prière est l'aile de l'âme, l'essor puissant

qui la porte à travers l'espace, jusqu'aux pieds de l'Eternel. Pour prier, il n'est pas nécessaire de répéter de vaines formules, que murmurent les lèvres, dans la monotonie de l'habitude, et auxquelles le cœur ne prend aucune part. La prière considérée ainsi est un manque de respect à Dieu à qui elle s'adresse. La prière vraie, « c'est un cri, une plainte, une effusion
« ou un chant d'amour, un acte d'adoration,
« un examen de ses actions, un inventaire
« moral fait sous l'œil de Dieu, ou encore une
« simple pensée, un souvenir, un regard levé
« vers les cieux. »

(Léon Denis, *Après la Mort*).

Travaillons, prions, aimons, souffrons, faisons le bien et pratiquons la charité, en songeant que si chacun de nous est un atome infinitésimal de l'univers, il est aussi un fils du Dieu maître et âme de cet univers !

Epurons nos âmes, avec le sentiment de nos responsabilités ; évitons les influences des mauvaises passions. Que la jeunesse se fasse de bonne heure une famille ; car si vivre seul est mauvais, vivre mal est plus mauvais encore. Qu'en toutes situations elle sache se conduire dignement, là est, pour le présent et pour l'avenir, le secret de tout bonheur et de toute élévation.

Arrêtons-nous sur cette pensée :

« Lecteur, si tu veux t'affranchir des maux
« terrestres, échapper aux incarnations doulou-
« reuses, grave en toi cette loi morale et mets-
« la en pratique : Ne donne que l'indispensable
« à l'homme matériel, être éphémère qui s'éva-
« nouira à la mort; cultive avec soin l'être spi-
« rituel qui vivra à jamais. Détache-toi des
« choses périssables ; honneurs, richesses, tout
« cela n'est que fumée : le bien, le beau, le
« vrai seuls sont éternels ! »

(LÉON DENIS, *Après la mort*).

***

Ecoutons maintenant un écrivain philosophe d'un grand mérite, M. Laurent de Faget, qui nous donne, dans le *Progrès Spirite* de janvier 1902, des conseils de haute portée sur le vrai Spiritisme.

« Si, dit-il, nous ne recherchons que le fait
« psychique, dépouillé de toute conséquence
« philosophique ou morale, nous sommes des
« aveugles marchant à tâtons vers la lumière.
« Nous ne manquons pas alors d'Esprits, d'ordre
« inférieur, pour participer à nos expériences ;
« et de là vient que, dans les réunions où le fait
« seul est en cause, il n'est pas rare de voir les
« Esprits évoqués parler un langage inconve-
« nant, commettre des erreurs manifestes, ou se

« traîner dans des trivialités qui répugnent au
« penseur et font mal juger le Spiritisme.

« Le danger est là, et ce n'est pas la première
« fois que nous le signalons.

« Le vrai Spiritisme est celui qui, s'intéressant
« aux maux de l'humanité, vient prouver à
« l'homme que ses malheurs ont une cause, que
« cette cause est en lui-même, et qu'il peut l'atté-
« nuer ou même la faire disparaître en deve-
« nant meilleur, en progressant sans cesse par
« l'esprit et par le cœur.

« Donner l'espoir à ceux qui doutent, la con-
« solation à ceux qui souffrent, c'est là le véri-
« table Spiritisme, celui que nous préconiserons
« toujours sans nier l'efficacité de l'expérimen-
« tation psychique, mais en la reléguant à la
« place qui lui convient, au lieu de la considérer
« comme l'unique but, la seule nécessité dont
« le Spiritisme doive tenir compte. »

Citons encore les lignes suivantes, sur la religion dans le Spiritisme :

« Des cœurs simples l'ont découvert (le che-
« min de la vérité), parce qu'ils étaient purs ;
« des âmes ardentes l'ont suivi parce qu'elles
« étaient sincères.

« Loin des cultes et des Académies, loin des
« hommes vicieux ou criminels, dans la nature
« resplendissante et douce où la fleur embaume
« et l'oiseau chante, trouvez-le, ce sentier de la

« vérité, âmes patientes et clairvoyantes, dis-
« ciples de Jésus et d'Allan Kardec. Le Christia-
« nisme a ouvert le chemin, le Spiritisme l'a
« élargi, les écoles spiritualistes y jettent leur
« lumière particulière ; engagez-vous sur cette
« voie d'abord pénible, puis délicieuse de
« l'ascension vers l'idéal, par le renoncement
« aux vanités du monde, la recherche philoso-
« phique du vrai, le dévouement à ses sem-
« blables, l'abnégation pleine d'amour qui gran-
« dit l'âme et la rapproche de Dieu.

« La route du vrai spirituel, du vrai éternel,
« il faut la chercher pratiquement, idéalement
« avec les yeux de la raison et ceux de la foi,
« dans l'humilité de son cœur, l'indépendance
« de sa pensée et la pureté de sa conscience.

« N'est-ce pas ce qu'a fait Allan Kardec ?

« Nous connaissons les enseignements erro-
« nés des églises ; ils sont condamnés à dispa-
« raître quand l'homme ne sera plus l'esprit
« faible et ignorant qu'il est encore aujourd'hui.

« Les dogmes tomberont comme des feuilles
« mortes, sans qu'il soit nécessaire d'un vent
« d'orage. Ils seront remplacés par les vérités
« essentielles que réclame l'universelle cons-
« cience, et qui constituent la partie saine, le
« fonds commun des plus anciennes religions
« et des plus modernes philosophies.

« Individuellement, les philosophes ont
« aperçu, à travers les fondrières des routes

« humaines, de ci, de là, un coin du chemin
« qui mène à Dieu. Mais aucun d'eux n'a jamais
« montré à l'homme toute l'étendue de la route
« spirituelle que l'âme de chacun de nous a, ce-
« pendant, à parcourir. »

— « O vous qui doutez et même désespérez,
« étudiez les ouvrages fondamentaux de la Doc-
« trine spirite. Nulle part, vous ne trouverez
« plus de simplicité et plus de grandeur, plus
« de consolations et plus d'espérance.

« Les yeux levés vers l'éternel azur, le pied
« ferme malgré les embûches de ce monde,
« vous vous sentirez sur le chemin de la vérité,
« aux divins tressaillements de votre cœur, au
« frémissement délicieux de votre âme débor-
« dante d'amour, à la satisfaction profonde dont
« votre conscience sera remplie. »

(*Progrès Spirite*, 5 mai 1902.)

*
* *

A l'œuvre donc, ô mes frères et mes sœurs
en humanité. Imposons silence au doute, à la
fausse science qui veulent entraver notre essor
vers le Bien. Levons-nous et marchons d'un
cœur ferme vers la Vérité et la Lumière. Ne redoutons pas les maux imaginaires dont on
pourrait encore nous menacer. Le vrai mal, c'est
l'erreur. Soumettons donc toutes choses à notre

raison ; et surtout, consultons notre conscience : c'est le guide infaillible que Dieu nous a donné ; c'est sa voix en nous.

Si le sectaire nous oppose les lois de sa religion, répondons que nous suivons celles du Maître de toutes les religions. Si le matérialiste nous soutient que, fils de la matière, fruits plus ou moins dégénérés de la loi d'atavisme, nous sommes condamnés à disparaître misérablement, répondons que le corps seul, fils de la nature, est soumis à l'atavisme et à la mort, mais que l'esprit, fils du ciel, n'a pas d'aïeux et va à l'immortalité.

Remercions le Créateur qui nous donne la lumière après nous avoir donné la vie.

Et toi, âme bénie, monte à ton Père ! Monte à Lui par les degrés du Temple de l'initiation, baignée de parfums, couverte de fleurs ! Monte, détachée de la Terre, qui n'est que ton marche-pied ! Monte dans la splendeur de l'amour qui purifie ton être et le dégage de toutes ses chaînes terrestres ; monte toujours, sereine et pleine d'espoir !

Puis, quand l'aile de la mort aura brisé ta dernière attache, Fille de Dieu, envole-toi d'un libre essor et plonge-toi avec ravissement dans le sein de ton Père, Cause première et absolue de tous les êtres, Ame de l'Univers infini !

Et continue ta course nouvelle à travers les régions où l'être marche enveloppé d'amour et de lumière, pur comme lui, brillant comme elle.

Monte, âme bénie, monte à ton Père !

⁂

Si le matérialiste peut s'appuyer pour s'élever sur le mot *honneur* ; le catholique, sur le désir du Paradis et la crainte des tourments de l'Enfer, le vrai spiritualiste s'appuiera uniquement sur l'amour du Bien dans le triomphe de la Vérité.

Le mot honneur pourra s'effacer du cœur des hommes ; le Paradis et l'Enfer pourront s'abîmer avec les dogmes impossibles et irréalisables des Eglises ; mais l'amour du Bien vivra éternellement, parce qu'il émane de la Cause des Causes, de l'Absolu qui est Dieu et il sera le souffle puissant et régénérateur qui rassemblera avec le temps toutes les humanités dans cet Absolu divin.

APPENDICE

Il est bien entendu que, dans cet ouvrage, il n'est nullement entré en notre pensée d'attaquer les religions qui, toutes, sont sacrées dans leur principe. Seule, l'application fausse qu'on a trop souvent faite de leur thème divin, est attaquable.

Cette application fausse réside dans l'esprit de la religion mal défini, ou tronqué, dans les dogmes créés après l'établissement d'une doctrine, et inventés par les hommes pour seconder leur but de domination ou d'absolutisme.

Dans ces mots, nous avons défini le cléricalisme.

C'est donc le sectaire que nous avions spécialement en vue, et non l'homme dont l'âme religieuse cherche à appuyer sa morale et sa conduite sur des vérités dont la révélation est dépouillée de tout dogme.

Pour cet homme, quel qu'il soit, il faut qu'une révélation fondée sur la raison et sur la science vienne éclairer sa route et lui montrer le chemin de ses destinées.

Certains catholiques, et même des libres-penseurs, prétendent qu'une religion étant nécessaire à l'être humain, les esprits peu avancés doivent rester soumis aux enseignements des Eglises, parce que l'expérimentation du spiritisme étant pleine de dangers, peut les livrer à mille erreurs.

Mais, faut-il donc alors abandonner le peuple à la plus profonde des ignorances qui est de s'ignorer soi-même? — « Connais-toi toi-même! » a dit un sage. — Faut-il donc qu'il relève, en tous ses actes, d'un clergé autoritaire et dédaigneux d'amener les âmes à la hauteur de leurs destinées divines? Faut-il le laisser souffrir de sa misère à la fois intellectuelle et physique, en proie à tous les maux de la vie, et dans la crainte d'un Enfer éternel ouvert sous ses pas par un Dieu vengeur? Faut-il le laisser livré aux douleurs de la vie, sans autre compensation que l'attente d'un paradis promis seulement à quelques élus? Ne faut-il pas lui apprendre ses véritables destinées, refréner ses colères et consoler ses douleurs?

Il est vrai que les religions anciennes n'admettaient à l'initiation de leurs mystères qu'un nombre relativement petit de privilégiés. Mais les âmes étaient-elles alors réellement mûres pour cette initiation? Plus tard, Jésus lui-même a souvent parlé en paraboles, en promettant la venue d'un Esprit de vérité qui expliquerait à tous les choses obscures de sa prédication.

On dirait que les prêtres se sont, de nos jours, donné la tâche de continuer l'antique méthode. Par exemple, le clergé romain défend à ses fidèles la lecture de la Bible. Pourquoi ? Evidemment pour se réserver l'interprétation du sens mystique de ses Livres sacrés, et n'en donner au peuple que juste ce qu'il faut pour forcer celui-ci à demeurer sous son joug.

Mais le clergé romain se trompe.

Evidemment, de nos jours, le peuple n'est plus un grand enfant que l'on conduit en laisse avec des menaces et des contes effrayants; il a évolué dans des renaissances nombreuses, et il se trouve enfin apte à recevoir les grandes vérités réservées autrefois aux seuls initiés, et promises par le Christ à ceux qui viendraient après lui. La science, ou, du moins, certaines données de la science pénètrent dans tous les milieux; prenons garde qu'avec cette science n'y pénètre aussi le matérialisme, qui met les âmes en léthargie !

Répandons plutôt la saine doctrine dans tous les milieux, non tout à coup, comme une lumière trop vive qui aveugle en illuminant, mais peu à peu, par degrés, de même que l'aurore, chaque matin, amène doucement dans l'azur le resplendissement du soleil.

Les âmes seront éclairées et vivifiées.

Disons maintenant ici un mot du symbolisme des religions anciennes qui, bien étudié et bien compris, initiait l'âme à ses hautes destinées.

Les Eglises n'ont, en général, voulu voir *dans les dieux* de l'antiquité, que les figures bestiales ou cruelles d'un paganisme révoltant, et elles ont éloigné leurs adeptes de l'étude de ces symboles, en leur appliquant, le plus souvent, une fausse interprétation. Mais, pour le penseur qui a pénétré leurs mystiques arcanes, il en est bien autrement. En étudiant les mystères d'Egypte, les religions Indoues, les enseignements de Pythagore, l'œil de l'âme ébloui contemple avec ferveur l'initiation à la pensée d'un Dieu unique, Principe absolu et Intelligence infinie.

Cherchons à nous rendre compte de l'âme de ces antiques doctrines voilées sous les mystères des temples, et voyons si elle n'a pas une très grande analogie avec notre doctrine du Spiritualisme moderne.

Nous lisons ce qui suit dans le livre d'Edouard Schuré : *Les grands Initiés*.

Les Initiés aux mystères des temples d'Eleusis reconnaissaient en eux-mêmes la vérité des Symboles religieux que représentaient les drames sacrés. « Et quelle surprise, quelle joie dans cette découverte ! S'ils souffraient, s'ils luttaient dans la vie présente, ils avaient l'espoir de retrouver la félicité divine, la lumière de la grande Intelligence. Les paroles de l'hiérophante (prêtre des mystères d'Eleusis), les scènes et les révélations du temple leur en donnaient l'avant-goût. »

— « ... Si vagues que soient les témoignages des philosophes antiques, ils (les mystères) semblent se rapporter à des phénomènes occultes. Selon la doctrine des mystères, les visions extatiques du temple se seraient produites à travers le plus pur des éléments : la lumière spirituelle assimilée à l'Isis céleste. Les oracles de Zoroastre l'appellent : la nature qui parle par elle-même, c'est-à-dire un élément par lequel le mage donne une expression visible et instantanée à la pensée, et qui sert également de corps et de vêtement aux âmes, qui sont les plus belles pensées de Dieu. C'est pourquoi l'hiérophante, s'il avait le pouvoir de produire ce phénomène, de mettre les initiés en rapport avec les âmes des héros et des Dieux (anges et archanges) était assimilé en ce moment au Créateur, au Démiurge : le porte-flambeau, au soleil, c'est-à-dire, à la lumière hyperphysique ; et le Hermès, à la parole divine qui est son interprète. Quoiqu'il en soit de ces visions, il n'y a qu'une voix dans l'antiquité, sur l'exaltation sereine que produisaient les dernières révélations d'Eleusis. Alors, un bonheur inconnu, une paix surhumaine descendait dans le cœur des Initiés. La vie semblait vaincue, l'âme délivrée, le cycle redoutable des existences accompli. Tous se retrouvaient avec une joie limpide, une certitude ineffable dans le pur éther de l'âme universelle.

— « Aujourd'hui, l'asile de l'antique Demeter (symbole de l'Intelligence divine et du principe intellectuel de l'homme, que l'âme doit rejoindre pour atteindre sa perfection) a disparu sans trace dans la baie silencieuse d'Eleusis, et le papillon, l'insecte de Psyché, qui traverse le golfe d'azur aux jours de printemps, rappelle seul qu'ici, jadis, la grande exilée, l'âme humaine, évoqua les dieux et reconnut son éternelle patrie ».

Ces paroles, en effet, ne résument-elles pas le fruit de la Doctrine spirite : « Alors, un bonheur inconnu, une paix surhumaine descendait dans le cœur des initiés, etc. ».

Et maintenant, arrivons à Jésus, en qui semble se résumer la pure doctrine ésotérique.

« … Bientôt après, Il (Jésus) redescendit au village des Esséniens (1). Il apprit que Jean-Baptiste venait d'être saisi par Antipas et incar-

---

(1) Essénien vient du mot propre Assaya, médecin. Les Esséniens étaient un Ordre qui constituait, du temps de Jérusalem, le dernier reste de ces confréries de Prophètes organisées par Samuel. Jésus paraît avoir fait partie de cet Ordre.

céré dans la forteresse de Makérous. Loin s'effrayer de ce présage, il y vit un signe que les temps étaient mûrs et qu'il fallait agir à son tour. Il annonça donc aux Esséniens qu'il allait prêcher en Galilée « l'Evangile du Royaume des cieux ». Cela voulait dire : mettre les grands mystères à la portée des simples, leur traduire la Doctrine des Initiés. Pareille audace ne s'était jamais vue depuis le temps où Çakia Mouni, le dernier Bouddha, mû par une immense pitié, avait prêché sur les bords du Gange. La même compassion sublime pour l'humanité animait Jésus. Il y joignait une lumière intérieure, une puissance d'amour, une grandeur de foi et une énergie d'actions qui n'appartiennent qu'à lui. Du fond de la mort qu'il avait sondée et goûtée d'avance, il apportait à ses frères l'espérance et la vie. »

— « Que pouvait apercevoir dans cette religion (la religion des Pharisiens et des Saducéens), — sacerdoce — Jésus, l'Initié, l'héritier des prophètes, le voyant d'Engaddi, qui cherchait dans l'ordre social l'image de l'ordre divin où la justice règne sur la vie, la science sur la justice, l'amour et la sagesse sur tous les trois. »

Jésus vient se pencher, en effet, sur la misère des hommes, pour apprendre à ceux-ci la puissance enfermée en eux-mêmes et leurs destinées sublimes, ce que leur ont caché jusqu'e là les prêtres et les mages.

Pour arriver à l'âme de cette humanité qu'i veut conquérir, il parle en Paraboles, avec d'in finis ménagements ; il la nourrit de la pur Doctrine sans qu'elle s'en aperçoive ; et c'es ainsi que les hommes apprennent peu à peu l charité, la solidarité, sans acception de per sonne, le pardon des offenses, l'amour de ennemis, leur âme et le *Royaume des cieux* qu est le bonheur conquis à jamais dans la perfec tion de l'être humain.

« Celui des quatre Evangiles qui nous a l mieux transmis l'enseignement ésotérique d Maître, celui de Jean, nous impose lui-mêm cette interprétation, d'ailleurs si conforme a génie parabolique de Jésus, quand il nous rap porte les paroles du Maître : J'aurais encor plusieurs choses à vous dire ; mais elles son au-dessus de votre portée. Je vous ai dit ce choses *par des similitudes*, mais le temps vien que je ne vous parlerai plus par des similitude. mais que je vous parlerai ouvertement de mo père. »

(Ed. Schuré).

Dans l'Introduction de son beau livre, *Le grands Initiés*, Edouard Schuré dit en core :

« Si l'on regarde l'histoire des religions ave

des yeux dessillés par cette vérité oe r l'initiation intérieure peut seule donner, on demeure à la fois surpris et émerveillé. Ce qu'on aperçoit alors ne ressemble guère à ce qu'enseigne l'Eglise qui borne la révélation au Christianisme, et ne l'admet que dans un sens primaire. »

Que conclure de tout ce qui précède, sinon que l'œuvre divine, commencée avec le monde, reprise et perfectionnée par Jésus, doit être continuée ? Cette œuvre est celle-ci : montrer à l'humanité sa voie, pour la conduire au Royaume de Dieu, qui est la réintégration parfaite des âmes dans le Principe éternel et absolu.

« Faites aux autres ce que vous voudriez qu'il vous soit fait. »

Ce précepte évangélique doit être suivi. Chacun de nous, pour lui obéir, doit travailler, dans la mesure de ses moyens, à réintégrer l'humanité en Dieu, dans sa personne et dans la personne de ses frères.

Loin de nous les mesquines pensées de ceux qui veulent détenir la Vérité à leur profit, loin e nous les craintes pusillanimes de ceux qui edoutent que la trop vive lumière, répandue ur le peuple, ne vienne à l'aveugler. Le oleil, cette image de la Vérité, n'est-il pas là our éclairer les mondes, et la Vérité, fille de a lumière, ne doit-elle pas briller sur tous et se onner à chacun ?

ourage donc, ô mes ... res et ... es fr... es
l'œuvre, vous qui possédez cette Vérité ! Ne
craignez pas de la répandre autour de vous,
sachant que, par Elle, vous consolez les âmes
en les relevant du doute et du mensonge, et
que vous préparez ainsi l'avenir heureux de
l'humanité à travers l'éternité du temps.

« Au moment de terminer notre œuvre, nous
lisons dans Flammarion. — Astronomie des
Dames, — que Jupiter, d'après les dernières
études faites de cette planète, est un monde en
formation, *non encore arrivé à l'état de stabilité
de notre séjour*, définition qui ne détruit pas
cependant, celle du printemps perpétuel qui
règne à la surface de ce monde, ce printemps
perpétuel étant le résultat de la situation de Jupiter, dont l'axe de rotation reste toujours
droit. »

FIN

TABLE DES MATIÈRES

PREMIÈRE PARTIE

Matérialisme	1
Christianisme et Catholicisme	28

DEUXIÈME PARTIE

De la Doctrine Spiritualiste	55
Astronomie (pluralité des mondes)	60
Spiritisme	79
Le Spiritisme d'après l'Evangile et les Pères de l'Eglise	102

TROISIÈME PARTIE

Expérimentation	125

QUATRIÈME PARTIE

Philosophie de la Doctrine Spiritualiste	263
Appendice	306

SAINT-AMAND (CHER). — IMPRIMERIE BUSSIÈRE.

Documents manquants (pages, cahiers...)
NF Z 43-120-13

www.ingramcontent.com/pod-product-compliance
Lightning Source LLC
Chambersburg PA
CBHW060505170426
43199CB00011B/1335